DEUXIÈME ÉDITION

MÉMOIRES

MME DE CHAMBRE

PORTRAIT PHOTOGRAPHIE DE L'AUTEUR

PARIS

J. DENTU, LIBRAIRE-ÉDITEUR

PALAIS-ROYAL, 17 ET 19, GALERIE D'ORLÉANS

MÉMOIRES

D'UNE

FEMME DE CHAMBRE

Imprimerie Poupart-Davyl & Ce, rue du Bac, 30.

52457

Vaury & Cie Phot.

MÉMOIRES

D'UNE

FEMME DE CHAMBRE

DEUXIÈME ÉDITION

PARIS
E. DENTU, LIBRAIRE-ÉDITEUR
PALAIS-ROYAL, 17 ET 19, GALERIE D'ORLÉANS

1864
(Tous droits réservés.)

MÉMOIRES
D'UNE
FEMME DE CHAMBRE

I

La mode est aux mémoires, et j'écris les miens.

Quand messieurs les grands hommes publient des livres sous ce titre, ils ont soin de ne dire que la moitié de la vérité, et lorsque ce sont des femmes célèbres, il paraît que c'est bien pis !

Je ne suis qu'une soubrette, et je raconterai l'histoire des autres : c'est une double raison pour ne mettre à la vérité ni robe ni maillot ; et si mes anciennes maîtresses achètent ce livre par désœuvrement, je suis bien sûre que, l'ayant commencé, elles ne manqueront pas d'aller jusqu'au bout.

Je sais bien que beaucoup de gens collet-monté diront, à la seule inspection du titre : — C'est un livre d'antichambre ! Mais heureusement qu'à côté de ceux-là se trouvent les gens d'esprit qui se souviendront qu'on passe le plus souvent par l'antichambre pour arriver au boudoir.

J'étais née pour être ce que je suis.

Seulement je crois que je suis une femme de chambre de tradition. Camériste et soubrette, assez fine mouche, bonne à la repartie, gourmande un peu, coquette toujours, curieuse avec excès, j'ai gardé une conscience relativement droite, et si j'ai fait parfois mon profit des erreurs de mes maîtresses, je ne les ai du moins jamais supplantées.

Beaucoup de mes pareilles n'en diraient pas autant.

Je connais plus d'une *petite dame*, allant aujourd'hui aux courses de la Marche au galop de quatre chevaux, qui ne les a trouvés sur sa route qu'en répondant aux galanteries de *monsieur*. Ce n'était pas mon genre.

Mon état me plaisait.

J'avais de belles robes, des bijoux, je faisais des économies et je m'amusais mieux qu'au théâtre, car aucun des acteurs que je voyais jouer n'avait appris son rôle.

Mon père était un brave homme, possédant un beau mur garni de chasselas, à Thomery, un village comme on en représente dans les décors d'opéra-comique, avec la Seine au milieu, des maisons blanches et des bois dans le fond.

Thomery, en été, est animé comme une petite ville ; les artistes y viennent peindre des études ; les étrangers parcourent la forêt. Chaque maison loue sa plus belle chambre et se fait des revenus pour l'hiver avec les beaux mois de l'été.

Mon enfance se passa, comme celle de toutes les pauvres filles du pays, à chercher du bois dans la forêt, à remplir des paniers de raisin, parfois à guider les promeneurs.

J'appris à lire sans savoir comment.

Je n'avais d'autre avenir à attendre à Thomery que d'épouser un brave garçon ouvrier vigneron comme mon père.

Mais l'ambition couvait dans ma cervelle.

Le petit bonnet des filles de Thomery me semblait bien moins gracieux que les chapeaux coquets des Parisiennes.

Quand je le pouvais, je faisais causer les femmes de chambre des étrangères qui passaient l'été chez nous.

J'apprenais alors qu'elles étaient souvent plus heureuses que leurs maîtresses, qu'elles n'avaient à s'occuper que de les habiller et de les coiffer, qu'elles allaient au théâtre pendant que les dames passaient la nuit au bal et que, tandis que celles-ci faisaient des dettes, les femmes de chambre réalisaient des économies.

Le démon du gain me saisit.

Je n'attendais qu'une occasion.

Elle ne tarda pas à se présenter.

Les deux chambres que nous louions l'été, sans être élégantes, étaient cependant les plus jolies du village.

Des rideaux de mousseline, un lit drapé de blanc, des fleurs partout, les rendaient jolies plutôt que confortables : pour une campagne c'était suffisant.

On y arrivait par un escalier extérieur.

J'en ai vu depuis de pareils en Suisse.

Un jour, une jeune dame fort élégante, dont la robe de soie mauve traînait sur la route, — car la voiture suivait à distance, — s'arrêta sur le seuil de la maison et demanda à acheter du chasselas.

J'en remplis un panier.

Elle me tendit une pièce de vingt francs en me disant :

— Ne me rends pas de monnaie.

— Madame est bien bonne, répondis-je.

— Ne trouvez-vous pas, demanda la jeune dame en se tournant vers le monsieur qui l'accompagnait, qu'elle est fort gentille, cette petite ?

— Pas mal, répondit celui-ci.

— On en ferait une jolie femme de chambre.

— Il faudrait être *vous* pour la prendre à son service.

— Est-ce une raillerie ? demanda la dame.
— Dites un éloge.
— Ce mot me décide.

La jeune dame se tourna vers moi :

— Que fais-tu à Thomery ?
— Je travaille pour venir en aide à mon père.
— Combien gagnes-tu par jour ?
— Un fagot.
— Comment, un fagot !
— Madame ne sait pas... Les gens d'ici et ceux de Fontainebleau ont droit de chercher du bois mort dans la forêt... On en ramasse assez pour former par jour un fagot qui se vend vingt-deux sous.

— Vingt-deux sous ! répéta la jeune dame ; comprenez-vous cela, comte ?

— Je le crois, cela suffit ; mais vous oubliez...

— On ne se souvient jamais de ces choses-là quand elles sont passées...

— Vous avez raison, ma chère.

— Comte, reprit la jeune dame, j'ai une fantaisie...

— Cela vous arrive souvent.

— Et vous ne vous en apercevez que pour les satisfaire.

— C'est mon devoir.

— Cette fantaisie est de passer une quinzaine de jours à Thomery.

Le compagnon de la jeune dame eut l'air chagrin.

— Ah! je vous permettrai de venir me voir... Mais que voulez-vous! la verdure, un bois qui ne ressemble en rien à ce bois de Boulogne qui ne paraît inventé que pour un défilé de voitures..., des fleurs partout, et des papillons sur toutes les fleurs, ma foi! cela me monte à la tête... Je devais aller à Bade, je reste ici...

— Quand vous avez dit : Je désire, je n'ai qu'à répondre : Amen !

— Petite, ajouta la dame, je vois un écriteau à ta maison.

— Nous avons deux chambres, répondis-je, et si elles pouvaient convenir à madame...

— Je l'espère bien ! Venez, comte.

La dame et son compagnon montèrent.

Les chambres furent trouvées ravissantes.

— On n'a pas idée de cela, disait la jeune

dame : un plancher frotté avec des feuilles de menthe..., une vue magnifique..., des hottes d'osier pleines de fleurs, des houx à graines rouges..., des fenêtres qui s'ouvrent sur la forêt..., la Seine au pied de la maison. Vous qui savez tant de choses, comte, je crois que vous m'avez cité quelque poésie là-dessus... Cela commençait : *Dans ces prés fleuris qu'arrose la Seine...* Je vous préviens que je jouerai sérieusement à la bergère, et que mon petit hôtel, mes chevaux et les avant-scènes de premières me vont devenir parfaitement indifférents...

Le monsieur se pencha à l'oreille de la jeune dame et lui parla tout bas.

Elle haussa les épaules et répondit :

— Mais puisque vous viendrez me voir.

Je demandai son nom à la jeune dame ; elle me répondit :

— Cendrinette.

Je la regardai tout étonnée.

Elle éclata de rire.

— Tu ne connais pas de sainte de ce nom-là ? me dit-elle.

— Non, madame.

— Cherche bien.

Je pris un calendrier sur la cheminée.

— Ce n'est pas là que tu trouveras ma patronne.

— Où donc, madame ?

— Dans l'Évangile, au nombre des vierges folles !

Je ne comprenais pas ; madame s'en aperçut, et sa gaieté redoubla.

— Elle est ravissante cette enfant, mon cher comte... Trouvez donc des suivantes comme celle-là dans Paris.

— Elles ont commencé de même ; chaumière ou mansarde, toutes les princesses du turf ou de la rampe ont eu quinze ans et l'innocence de Fanchon.

Pendant ce temps, je dressais un couvert.

Madame Cendrinette m'ayant assurée qu'elle se contenterait d'œufs frais, de lait, de fruits et de café, en une demi-heure, j'eus improvisé un dîner auquel s'ajoutèrent des goujons pêchés par Pinson, un brave nigaud qui me regardait en louchant et consultait tous les sorciers du pays pour me jeter un charme.

La friture, les œufs, jusqu'au petit vin fabriqué aux *Pressoirs du Roi* eurent du succès.

Les Pressoirs sont de l'autre côté de la Seine, un peu plus du côté de Fontainebleau.

Depuis que j'ai assisté aux grands drames de M. Dumas, et que j'ai lu le roman de M. Maquet, *La belle Gabrielle*, je sais assez d'histoire pour vous dire que le roi Ventre-Saint-Gris avait un pavillon dans ce pays-là et qu'il y venait vendanger avec sa maîtresse.

Après le dîner, monsieur le comte dit adieu à madame.

Il paraissait triste et lui fit promettre de ne pas rester plus de quinze jours à Thomery.

— Écrivez-moi tous les soirs un mot, ajouta-t-il.

Elle s'y engagea.

— Si je n'étais point forcé de partir, je ne vous quitterais pas... Vous le savez, je n'aime que vous... Mais les affaires, le monde, le rouage politique...

Madame ne répondait pas grand'chose : elle faisait de petites mines d'enfant gâtée ; le comte monta en voiture.

Comme je me trouvais alors près de lui :

— Soigne bien madame, me dit-il.

Il joignit vingt francs à sa recommandation.

Madame Cendrinette s'installa chez elle.

Le comte s'était chargé de lui envoyer des malles et sa toilette de Paris.

J'avais hâte de tout raconter à mon père, et j'allai au-devant de lui sur la route.

Il me mit sur les joues deux gros baisers, et me voyant alerte, bourdonnante et folle de joie, il me demanda :

— Ah ça! est-ce que tu aurais consenti à faire le bonheur de Pinson?

— Il s'agit bien de cela! lui répondis-je. Nous avons des locataires pour nos deux chambres... Quand je dis des locataires, c'est une locataire que je devrais dire ; car madame Cendrinette est restée toute seule, et son mari est reparti pour Paris... Seulement, il viendra la voir... En attendant, elle est très généreuse, et pas fière... J'ai déjà reçu vingt francs pour un panier de raisin et vingt francs d'étrennes... C'est joli cela ! et j'aime mieux servir des gens de Paris que de chercher du bois mort.

— Qu'est-ce que tu me chantes là ? demanda mon père.

Je lui montrai les deux pièces d'or.

Il se passa la main dans les cheveux, se gratta l'oreille et se contenta de répondre :

— Vois-tu, ça n'est pas clair !

— Même l'argent qui sonne...

— Tout ce que tu me dis là... Je suis un pauvre homme de vigneron, tout à la bonne franquette, mais sain de corps et de conscience... Des gens qui jettent des louis par les grandes routes..., une jeune dame qui loue tout de suite comme cela des chambres, sans marchander..., un vieux monsieur qui repart en la laissant au milieu des bois, je te le répète, ça n'est pas clair.

— Elle est bien jolie, cette dame.

— Raison de plus.

— Et son mari a l'air bien comme il faut...

— Son mari, son mari ! L'a-t-il appelé sa femme devant toi ?

— Non, mais... j'ai cru que c'était meilleur genre.

— C'est selon !

— Et moi qui pensais que vous seriez si content !

— Rapport au profit, sans doute...; mais à cause de toi, je suis tout chiffonné... Les jeunes filles, vois-tu, c'est, sans comparaison, comme la fleur de la vigne : une gelée, un coup de vent, une grosse pluie, et tout est perdu...

— Allons, venez, lui dis-je, vous aurez toujours le temps de me gronder, et après tout, quinze jours se passent.

Nous rentrâmes.

Mon père se promena dans le petit jardin, regardant du côté de la croisée pour voir s'il n'apercevrait point la jeune dame.

Elle ne tarda pas à ouvrir la fenêtre.

Il la salua poliment et fit semblant d'arranger sa vigne, ôtant les pampres qui pouvaient empêcher les grappes de se dorer au soleil.

Alors elle l'appela.

— Mon brave homme !

— A votre service, mademoiselle.

— Vous êtes le propriétaire de la maison.

— Sans vous commander ; que désirez-vous ?

— Envoyez-moi votre fille...

Mon père vint me trouver.

— La demoiselle te demande..., dit-il d'un air maussade.

— Madame, vous voulez dire?

— Madame! Je m'entends, va! c'est une demoiselle... Pas de bague au doigt et des chevaux dans l'écurie... Je ne suis pas né d'hier, et Thomery n'est pas loin de Paris, et ça vous porte des noms, ces demoiselles... Tu m'as dit le sien...

— Cendrinette!

— C'est cela... rapport à ses cheveux, sans doute, qui sont d'une drôle de nuance... C'est égal, Annette, tu as fait une mauvaise journée... Le vin est tiré..., buvons-le le plus vite possible, et tâche qu'il ne te monte pas à la tête.

Je l'embrassai, et je grimpai les escaliers.

Madame me fit préparer son lit, me commanda de lui apporter de la bougie, parce que l'odeur de la chandelle lui faisait mal, et me demanda si j'avais des livres.

Il y avait à la maison deux ou trois bouquins et des livres de messe.

Je portai tout. Elle regarda les titres, mit les volumes de côté et me demanda si j'étais folle.

— Je n'en ai jamais lu d'autres, répondis-je.

— C'est bon, alors; va chercher la bougie.

Quand je revins, la nuit était venue, elle me pria de l'aider à se déshabiller.

A Thomery je n'avais jamais vu que de gros linge de chanvre, et je fus tout éblouie de la finesse de la batiste de la chemise de madame Cendrinette et des belles dentelles qui la garnissaient.

J'enlevai et je rangeai la robe avec les précautions que j'aurais prises pour toucher la bannière de l'église du village; je nattai de mon mieux les longs cheveux blonds de madame, j'ôtai ses bas, qui ressemblaient à des fils de la Vierge.

Elle se mit au lit, me fit border les couvertures, me recommanda de cacher la bougie derrière un vase de fleurs pour que la lumière ne lui fît pas mal aux yeux; puis elle se plaignit un peu de la grosseur de nos draps.

— Madame n'a plus besoin de moi? lui demandai-je.

— Si, je veux savoir ton nom.

— Annette.

— Tiens, c'est gentil ; il y a un couplet qui dit :

> Le cœur de mon Annette
> Et le mien ne font qu'un...

Qui est-ce qui te chante ce refrain champêtre ?

— C'est Pinson, madame.

— Pinson ! mais c'est un oiseau que cet homme-là !

— Non, madame, ce n'est pas un oiseau, c'est un oison, parce qu'il m'aime et que je ne peux pas le souffrir.

— C'est toujours comme cela.

— Même à Paris ?

— Surtout à Paris ; et je suis sûre qu'il plaît à ton père, M. Pinson ?

— Sans doute, madame ; Pinson a une maison au bord de la Seine, un arpent de jardin, deux murs de treilles et un de pêchers : c'est un joli parti pour une autre.

— Bonsoir, Annette.

— Bonsoir, madame.

J'allais fermer la porte, elle me rappela.

— Qu'est-ce que tu me donneras à déjeuner ?

— De la crème, des œufs.

— Bon.

— A quelle heure faut-il préparer le déjeuner de madame ?

— Quand je m'éveillerai, à midi.

Je sortis en me demandant quel plaisir on pouvait trouver à rester au lit aussi tard, quand la forêt est si belle sous la rosée, qu'il y a tant de gaieté et de vie dans les fourrés où courent les cabris, sur les branches d'où sautent les écureuils, au fond des nids où gazouillent tant d'oiseaux.

Je redescendis les livres que madame Cendrinette avait dédaignés.

Mon père marchait dans la salle en frappant du pied comme s'il eût été bien colère. Je ne lui parlai point de la locataire de nos deux chambres, je commençais à trouver qu'elle avait de singulières façons; mais je me disais que, puisqu'elle venait de Paris et qu'elle avait de si beaux cheveux, elle ne pouvait point garder les manières roides de la femme du maire ni grimacer comme la notairesse de l'endroit.

Et puis, franchement, ses quarante francs m'avaient un peu rangée de son parti ; je pouvais acheter une si belle toilette, depuis les souliers jusqu'au bonnet, avec quarante francs !

On se couche de bonne heure au village. Mon père, qui réveillait souvent les coqs de la basse-cour, me prit dans ses bras et m'embrassa plusieurs fois.

— Tu es une bonne fille : reste une bonne fille ! me dit-il.

J'en avais certes bien l'intention ; je lui rendis ses caresses et ses baisers, et je montai dans mon petit grenier.

Je ne me souviens pas trop de ce que je rêvai, mais il me semble que je voyais la Seine charriant des flots de soie, de dentelles et de velours, et que des diamants pailletaient tout cela !

II

Le lendemain, à midi, je frappai à la porte de madame Cendrinette. Elle était éveillée et détirait dans son lit ses bras blancs que ne couvrait guère la dentelle de l'épaulette de sa chemise.

Il me sembla que ce devait être un grand péché de rester ainsi à moitié nue.

Je rougis un peu, j'ouvris les volets, puis les fenêtres, et le soleil entra dans la chambre à pleins rayons.

Madame m'ayant dit qu'elle déjeunerait au lit, je redescendis pour tout préparer.

Elle riait et paraissait enchantée.

Au dernier moment, elle s'écria :

— Tu vas déjeuner avec moi.

— Je n'oserai jamais, madame.

— Ah bah! je ne suis pas bégueule, ma petite Annette, et puis, après tout, tu me vaux bien... Assieds-toi et déjeune, sinon je ne mange pas.

Il fallut obéir.

Elle me disait des drôleries qui me faisaient rire sans que je les comprisse bien, et j'en voulais presque à mon père de ne pas être mieux disposé pour elle.

J'achevais de l'habiller quand les malles arrivèrent.

Elle les ouvrit à la hâte, jetant les robes de soie, de gaze et de mousseline sur le lit, les chaises et même le plancher.

Il me sembla que je voyais se réaliser mon rêve en considérant ces dentelles façonnées en manches, en fichus, en écharpes. Elle s'amusait de mon étonnement; et trouvant dans le nombre de ces toilettes une robe bleue à raies qui me parut charmante, elle me dit :

— Désirée est une sotte, elle aurait dû garder cette robe : prends-la.

— Cette robe pour moi ! m'écriai-je ; mais je ne me marie pas encore, madame ! et quand même j'épouserais cet imbécile de Pinson, il n'a pas une fortune à me permettre d'avoir des choses si élégantes.

— Eh ! qui te parle d'épouser Pinson ? Prends la robe et arrange-la à ta taille : elle te servira pour plaire à un autre.

— Je n'ai encore envie de plaire à personne.

— Quel âge as-tu ?

— Seize ans à la Noël.

— Tu n'es pas en retard..., mais cela viendra, sois-en sûre. Et puis je ne sais pas pourquoi tu resterais dans un petit pays qui est très-joli pour quinze jours, mais où on ne peut pas porter ce qu'on veut... As-tu encore ta mère ?

— Non, madame, ma mère est morte.

— Et ton père est sévère ?

— Il est bien bon, madame.

— Pas assez pour te permettre de venir à Paris ?

— Dame ! il a besoin de moi.

— Et puis il trouve Paris dangereux?

— Ah! pour cela, il ne s'en cache guère.

— Habille-moi maintenant! Je mettrai cette robe rose, ce châle de mousseline... Nous irons nous promener, tu me conduiras dans la forêt... Cela contrariera-t-il encore ton père?

— Je suis aux ordres de madame, répondis-je.

Une heure après, nous sortions.

Madame Cendrinette fredonnait en marchant.

Elle se défendait du soleil grâce à une ombrelle, car les bords de son chapeau eussent été trop étroits pour l'en préserver.

La mousse, les grands chênes, les châtaigniers, les bouleaux, tout lui faisait pousser des cris de joie et d'étonnement. On aurait dit qu'elle n'avait jamais vu la campagne... Elle voulait que je lui fisse de gros bouquets... quand elle les avait, ils lui fatiguaient les mains. Elle se levait, s'asseyait, courait ni plus ni moins que les biches des fourrés, et si elle n'avait pas eu la voix un peu rude et les cheveux si ébouriffés, je l'aurais trouvée tout à fait charmante.

Nous ne tardâmes pas à arriver au milieu d'une magnifique éclaircie.

Je connaissais parfaitement cet endroit, j'y venais même assez souvent apporter des fleurs et des fraises à une jeune dame à la physionomie spirituelle, au bon sourire, au langage bienveillant, qui s'y installait avec tout un attirail de peintre.

Ah! comme elle reproduisait bien les grands troncs des chênes, leurs branches noueuses, leurs feuilles vertes ou jaunies! comme on sentait l'air courir partout! comme on voyait la mousse veloutée au pied, le ciel bleu dans le fond, et sur l'herbe les rayons du soleil faisant de grandes trouées de lumière!

Elle a depuis acheté un château à Thomery; je ne la nommerai point dans ces mémoires; mais un jour, en souvenir des douces paroles qu'elle m'avait dites, j'ai acheté une photographie qui la représente appuyée sur le large front d'un taureau.

Elle aimait tant la campagne, le labour et les bœufs!

Ce jour-là je ne l'aperçus point.

Sa place habituelle était occupée par deux jeunes gens.

L'un ébauchait une toile.

Le second commençait un cigare.

Celui qui peignait avait des cheveux d'un roux ardent, un teint blanc, de grands yeux bleus.

Son camarade était pâle comme un liseron des haies, ses cheveux noirs tombaient sur le collet d'un paletot qui me parut un peu usé, mais propre ; ses yeux étaient noirs, profonds, magnifiques.

En entendant les frous-frous d'une robe sur l'herbe, les deux jeunes gens se retournèrent.

Le peintre regarda hardiment madame Cendrinette; son ami baissa presque aussitôt les yeux.

Madame tourna un moment autour des chênes, puis revint se placer derrière le chevalet du peintre et parut comparer l'arbre à l'ébauche.

Le jeune homme aux cheveux roux se leva.

— Pardon, dit-il, madame serait-elle assez bonne pour se placer à ma fantaisie, de préférence à la sienne ?

Les éclats de rire partirent comme une fusée.

— Voilà qui est original, répondit-elle.

— Tout ce que je fais est ainsi, madame... Si vous demeurez derrière moi, vous me forcerez à me retourner pour avoir le plaisir de vous contempler plus longtemps... Si vous voulez bien changer de pose, je vous esquisserai rapidement et mon chêne aura sa dryade.

Je trouvais ce monsieur un peu hardi, mais madame ne se fâchant point, je n'avais le droit de rien dire.

Elle s'appuya d'une main sur l'arbre; de l'autre, elle jouait avec son ombrelle.

Le jeune homme pâle ne la quittait pas des yeux.

Elle semblait n'avoir consenti à rester que pour obliger le peintre de paysage, mais en réalité elle ne regardait que son ami et paraissait poser pour lui seul.

Pendant ce temps-là j'enfilais un chapelet de marguerites.

— Vous faites des études dans la forêt, monsieur?...

— Pardon, madame..., répondit l'artiste. Puis il se leva, chercha dans ses poches, trouva une paire de gants, les mit, et saluant comme quelqu'un qui se présente...

— Léopold Hubert, élève de Français...

— Vous mettez à profit les leçons de votre maître?

— Depuis deux mois, madame... Je loge à Barbizon, chez la mère Gagne; vous voyez cela d'ici...

— Pas du tout, j'habite Thomery depuis hier.

— Eh bien, Barbizon est une pépinière de peintres, dont la mère Gagne est la providence... Elle tient une auberge, dont nous décorons les murs à fresque... J'ai peint dans la salle une lanterne en grisaille d'un prodigieux effet... J'y étais tout seul quand mon ami est venu me rejoindre.

— Est-ce que monsieur s'occupe aussi de peinture?

— Fulgence! Non, madame! Il fait son droit quand il est sérieux, et des vers quand il déraisonne.

— Pour qui?

— Pour la lune!

Madame Cendrinette se mit à rire.

— Tenez, madame, reprit le peintre, vous disiez tout à l'heure que j'étais original, vous vous trompiez: c'est mon ami qui est original... Figurez-vous... Je ne sais pas si vous aimez les histoires, mais vous posez, cela est fatigant, et il faut au moins que je vous désennuie pour vous dédommager... Figurez-vous que ce garçon-là arrive de sa province... C'est son excuse... Il croit à Dieu, aux anges et aux femmes! Il boit de l'eau, n'entre jamais au café, ne va qu'au Théâtre-Français, et encore quand on y donne des pièces du répertoire, et vit dans sa mansarde, sans faire de dettes, avec cent francs par mois... Il n'a qu'un défaut, il fume; mais on ne peut pas être parfait... Et encore, madame, ce n'est un défaut que par rapport à lui, en raison de ses idées et de ses goûts...

— Et cette vie ne vous fatigue pas, monsieur Fulgence? demanda madame d'une voix douce.

— J'y suis fait, répondit le jeune homme. Je n'ai pas de fortune, madame; il ne m'est pas permis de manquer une seule des inscriptions à prendre... Les sacrifices que ma famille s'impose ne peuvent durer que quatre années... A cette époque ma position sera faite... Voilà pourquoi je ne vais jamais au café, peu au théâtre, et que j'écris des vers à la lune.

— Une divinité nuageuse! répondit madame Cendrinette.

L'artiste déposa sa palette sur l'herbe.

— Voilà une aventure comme je les aime, dit-il : je travaille avec rage à un tronc d'arbre desséché ; vous passez, vous posez sur la rude écorce votre bras blanc, et au lieu d'un paysage, il se trouve que je fais un tableau de genre... J'ignore votre nom, je ne veux pas le savoir, je prends le bonheur d'où il souffle et la poésie d'où elle vient... Maintenant je baise votre robe et je vous rends grâce.

Madame Cendrinette lui dit presque bas.

— Vous ne me devez rien, monsieur.

Elle salua les deux jeunes gens. Le blond flamboyant s'inclina jusqu'à terre, l'autre oublia de le faire et lui jeta un regard que je n'oublierai jamais.

Je demandai à madame si elle voulait continuer sa promenade.

Elle me dit qu'elle préférait rentrer.

Pendant la route, elle ne cessa de m'adresser des questions sur Barbizon, l'auberge de la mère Gagne, et les artistes qui demeuraient dans ce pays.

Je lui donnai tous les renseignements que je possédais.

Elle paraissait préoccupée et ne me parla presque plus jusqu'au moment où nous entrâmes dans le chemin creux qui menait à la maison de mon père.

Tout en marchant, elle cueillait des fleurs qu'elle effeuillait ensuite, et parlait toute seule, bas, d'un air agité.

Au coude que forme la route, je crus voir le jeune homme pâle disparaître immédiatement derrière une chênaie.

— Madame, lui dis-je, le monsieur nous a suivies.

— Le peintre?

— Non, l'autre...

Elle ne se retourna pas.

Quand elle arriva dans sa chambre, je m'aperçus qu'elle n'avait plus de bouquet.

Je le lui fis remarquer.

2.

Elle me répondit simplement qu'elle l'avait perdu.

Le soir, tandis que je rangeais chez elle, il me sembla voir une ombre se dessiner sur les murs blancs.

J'en fis l'observation à madame; elle me dit que j'étais une peureuse, que les revenants n'existaient que dans les contes de nourrices, et que sans doute l'ombre que j'avais vue était celle de Pinson.

Je lui souhaitai une bonne nuit et je me retirai.

Le lendemain, elle reçut par la poste une lettre et un rouleau de papier.

Elle jeta la lettre dans une boîte, après en avoir regardé l'écriture, coupa les feuillets du petit cahier, et poussa un cri de joie.

— Annette, me dit-elle, si tu savais combien je suis contente! J'ai un rôle, un joli rôle! C'est ce cher comte qui me vaut cela! Il paye dix mille francs au directeur et cinq à l'auteur pour que j'aie une scène dans cinq actes... Ce n'est pas trop juif... Je serai en paysanne, j'aurai des jupons courts comme les tiens, et des sabots...

ce sera charmant... Il est parfait, ce pauvre comte ! Il faut bien aussi qu'il y ait des compensations... Tu vas me prêter ta jupe rayée et ton corset, que j'essaye tout cela ; veux-tu ?

J'étais déjà déshabillée.

Madame Cendrinette riait, battait des mains, se regardait dans le petit miroir, montait sur une chaise pour s'admirer dans la glace de la cheminée, qui était un peu plus grande, et répétait :

— Je serai délicieuse.

Quand elle se fut bien contemplée, elle me rendit ma toilette de village et prit le rouleau de papier.

— Madame oublie, je crois, sa lettre, lui dis-je.

— Tu as raison.

Elle la décacheta et la lut.

Puis elle s'écria :

— Quelle fatigue !

— Est-ce une mauvaise nouvelle, madame ?

— M. le comte arrive.

— Demain ?

— Oui, demain.

— Alors, madame...

— Madame a ses nerfs... M. le comte est la contre-partie du rôle, l'envers de la médaille, l'ennui après le plaisir.

— Il a l'air de tant aimer madame!

— C'est pour cela.

— C'est donc ennuyeux d'être aimée?

— Souvent.

— Que faudrait-il pour que cela plaise?

— Il faudrait aimer aussi...

— Alors à deux...

— Cela doit être ce qu'on appelle le paradis.

— Je croyais qu'on ne l'avait qu'à la fin de ses jours.

— Dans le catéchisme, mais on l'a pendant sa vie dans le roman.

— Madame en a fait?

— J'en ai fait faire.

— Est-ce aussi gai?

— C'est regarder les autres boire au ruisseau quand on meurt de soif!

Elle me fit pitié dans ce moment-là.

Je n'osais pas quitter la chambre et je ne savais que lui dire.

Un moment après, elle reprit :

— Fulgence, c'est un joli nom, n'est-ce pas ?

— Oui, madame, et un joli garçon aussi.

— Ah! tu te souviens ?

— Je fais mieux que me souvenir, je vois.

— Et que vois-tu ?

— Que M. Fulgence rôde aux alentours et qu'il sait maintenant où demeure madame.

Elle me prit la main.

— Je ne le connais pas, ce M. Fulgence... je ne sais même que son nom de baptême... Je ne l'ai point revu... Annette, écoute-moi bien : il ne faut pas qu'il monte jamais ici, qu'il passe le seuil de la porte de ton père... Il ne faut pas, surtout, que M. le comte l'aperçoive... tu comprends...

— Je ferai comme si je comprenais, madame.

Elle m'embrassa.

— Tu serais un trésor ! me dit-elle ; car tu me servirais et tu m'aimerais en même temps ; tandis que Désirée...

— La femme de chambre de madame ?

— Oui.

— Eh bien, Désirée ?

— Elle porte mes robes, gaspille mon argent et me trahit par-dessus le marché !

Madame s'habilla. Elle avait peine à trouver ce qui lui était nécessaire ; nous dérangeâmes de nouveau les malles et les tiroirs de la commode. Elle finissait à peine d'attacher ses cheveux quand M. le comte entra.

Il semblait bien heureux et baisa plusieurs fois la main de madame.

— Êtes-vous contente ? lui demanda-t-il.

— Très-contente ; seulement, il me faudra un collier de brillants...

— Comment, pour un rôle de paysanne !

— Cela ne fait rien ; je veux des diamants... Ces demoiselles en ont toutes et s'en parent dans tous les rôles possibles... Vous ne pouvez, en vérité, me refuser cela, quand Léocadie...

— Je ne vous refuse rien, ma chère enfant ; je vous fais observer...

— Je le veux, cela suffit... Je suis coiffée, maintenant ; bien, Annette, je n'ai plus besoin de toi.

Je sortis.

M. le comte dîna avec madame, et je les servis, malgré la mauvaise humeur de mon père, qui mâchait des jurons entre ses dents, fumait comme une locomotive, frappait du pied à défoncer le sol et s'en prenait à tout sans que je susse pourquoi.

— D'honnêtes filles les servir... être réduites à préparer leur souper, quand elles ne devraient pas toucher leurs robes sans répugnance!... Et puis, par le temps qui court, faites donc les difficiles et montez sur les grands chevaux de votre vertu... Ce que vous refuserez de faire, un autre l'acceptera avec joie... et on se gaussera de vous quand on fera tinter dans sa poche les écus que vous aurez dédaignés... Annette est si ignorante, si simple!... Un mot vous tourne si vite une cervelle, et la cervelle est si près du bonnet!... Enfin la quinzaine avance; ce sera de l'argent bien gagné... Fasse le ciel qu'il ne nous soit pas cher vendu!

— Mais qu'avez-vous donc, méchant père? demandai-je en lui ôtant sa pipe... Vous grondez; pis que cela, vous bougonnez et sans raison... Que vous a fait la jeune dame?... M. le comte est poli et généreux... Il ne me regarde seulement pas!

— Eh! le danger n'est pas toujours du côté des hommes.

— D'où vient-il encore?

— Du côté des femmes... Elles vous ont de douces paroles, des entortillements et des finesses qui séduisent les pauvres filles comme toi... De la vertu à une faute il n'y a point si grand espace : la largeur d'une robe de soie, souvent, ou le poids d'un bijou... Je crains que tu regardes trop ces toilettes et ces affiquets et que tu méprises la futaine!

— Je ne mépriserai jamais ce que ma mère a porté, répondis-je.

M. le comte quitta Thomery vers le soir.

Madame le conduisit jusqu'au bas de l'escalier extérieur.

— Adieu, lui dit-il, et souvenez-vous de ne point rester une heure de plus que le délai fixé par le congé, car je ne répondrais plus du rôle.

— Soyez tranquille, répondit-elle; je serai exacte.

Le lendemain, à neuf heures, elle descendit dans la cour.

Et comme je m'étonnais de la voir si matineuse :

— Est-ce loin Barbizon ? me demanda-t-elle.

— Oui et non, madame.

— Comment, oui et non ?

— Oui pour vous ; non pour moi.

Nous partîmes pour le village.

Elle paraissait pressée d'arriver.

Le village n'a qu'une seule rue. Elle en regardait toutes les fenêtres, comme si, derrière les carreaux, elle eût cherché quelqu'un.

Nous entrâmes dans l'auberge de la mère Gagne.

Il n'y avait personne autre que la vieille femme, qui faisait son ménage et jetait de temps en temps une poignée de grain à des poules qui gloussaient dans la cour.

Madame voulut déjeuner.

On étendit une grosse nappe sur une table cirée à laquelle tenaient des bancs de chêne.

Madame regardait autour d'elle et admirait les dessins faits sur les murs.

— Ah! me dit-elle, voici la lanterne peinte par M. Hubert.

A côté, esquissée seulement au fusain, était une figure de femme, ayant tout l'air d'ensemble de madame Cendrinette. Au bas était un grand X; on avait écrit au-dessous :

Fulgence à la recherche de ?

Madame ne disait rien et regardait toujours ce dessin et la ligne d'écriture.

Elle quitta vivement l'endroit de la salle où elle se trouvait, en entendant une voix qui disait :

— De la bière, des côtelettes et du pain bis pour trois : nous sommes deux qui mangerons comme quatre.

Le peintre et l'étudiant entrèrent.

III

J'avais souvent entendu dire qu'il est un dieu pour les amoureux, et je ne fus pas loin de le penser; car, en voyant rougir madame Cendrinette et pâlir M. Fulgence, je compris tout de suite qu'il retournait de cœur pour tous les deux.

Madame était si jolie, M. Fulgence était si beau et paraissait si triste, que tout d'abord je fus contente de songer qu'ils se donneraient leur cœur comme on échange des anneaux le jour d'un mariage.

Madame était pleine d'entrain, et la mère Gagne ayant servi les deux repas au même moment, M. Hubert rapprocha les assiettes et les verres, mêla les bouteilles et les pots, si bien que nous déjeunâmes ensemble, moi avec un bon appétit aiguisé par la marche, M. Hubert avec la rage d'un naufragé.

Pour madame, elle ne touchait à presque rien. M. Fulgence et elle se regardaient, se dévoraient des yeux. Leurs lèvres tremblaient, leurs yeux avaient comme des larmes.

Le repas fini, tout le monde se leva.

Ma maîtresse se dirigea vers la porte.

— Madame, permettez..., dit M. Hubert; et il lui offrit son bras.

Elle le prit.

— Je ne vous permets pas de me reconduire, messieurs, reprit-elle; j'ai dans Annette un guide aussi charmant que sûr.

— Nous vous escorterons seulement jusqu'au village.

— Soit ! dit-elle.

Nous marchâmes quelque temps ensemble. En me retournant pour chercher une fleur, je vis M. Fulgence qui relevait sur le chemin quelque chose de blanc, qu'il cacha dans sa poitrine.

Un quart d'heure après, madame Cendrinette s'aperçut qu'elle avait perdu son mouchoir.

— Votre mouchoir, madame ! s'écria M. Hubert, il ne peut être resté qu'à l'auberge, et je cours le chercher.

— Je vous serai fort obligée, monsieur, répondit-elle.

M. Hubert partit, et alors M. Fulgence s'avança.

Je le vis se pencher vers madame d'un air suppliant, puis tirer le mouchoir de son sein et le lui rendre.

Je ne pus distinguer que ceci :

— C'est mal, bien mal !

Il lui parla plus bas, plus près... sa figure s'illuminait, les paroles jaillissaient de ses lèvres... Il ressemblait à l'archange saint Michel du village. Madame l'écoutait sans répondre... elle se suspendait à son bras comme si elle se trouvait lasse...

Puis elle prit le mouchoir, le déchira en deux, et tendit une des moitiés au jeune homme.

Il porta la batiste à ses lèvres et paraissait ivre de joie.

M. Hubert revint en annonçant qu'il n'avait rien trouvé.

— C'est un petit malheur ! répondit madame avec beaucoup de calme.

On se quitta.

Je vis M. Fulgence glisser quelque chose dans la main de madame ; puis les deux jeunes gens la saluèrent, et ma maîtresse dit à M. Hubert :

— Exposerez-vous le tableau de l'arbre et la dryade ?

— Je l'espère.

— Je serai bien heureuse de le revoir ! ajouta-t-elle.

Elle n'adressa aucun mot particulier à l'étudiant.

Pendant que j'allumais les bougies dans sa chambre, madame serra deux objets dans un coffret, la moitié de mouchoir et une autre chose que je ne pus distinguer.

Le lendemain, je rangeais le ménage ; et, pour éviter la poussière, madame, pendant ce temps, se promenait dans le jardin. Je fus prise d'une curiosité folle de savoir ce que madame avait serré avec la moitié du mouchoir.

C'était une carte de visite portant :

Fulgence Hériot, 42, rue de Buci.

Je refermai vite le coffret, j'eus peur de comprendre et honte d'avoir commis une mauvaise action ; car, enfin, ce que faisait madame Cendrinette ne me regardait pas.

Elle ne cherchait plus à sortir dans la forêt.

Souvent, dans le jardin, elle apprenait par cœur les passages écrits dans le rouleau de papier ; elle me priait de suivre quand elle récitait, et de la reprendre s'il lui arrivait de se tromper.

La semaine s'écoula, et elle nous annonça qu'elle allait partir.

Elle paya largement sa dépense, me donna deux louis pour ma bourse, me fit cadeau d'un mantelet et de plusieurs colifichets de prix, et me dit :

— Ma petite, je ne t'offre point de t'emmener, quoique tu en aies peut-être envie autant que moi... Tu es mineure et tu dépens de ton père... Souviens-toi seulement, si tu te trouvais jamais dans l'embarras, que tu seras la bienvenue chez moi et que, pour te garder à mon service, je mettrais à la porte Désirée ou celle qui la remplacera.

— Madame est trop bonne, répondis-je.

— Voici mon adresse, ne la perds pas, et grave-la bien dans ta mémoire : Rue d'Aumale, 10.

— Je me la rappellerai, madame.

Elle quitta Thomery le jour même.

La voiture de M. le comte vint la chercher ; je la vis partir avec tristesse, mais je dus éviter de montrer mes regrets à mon père : il en eût été mortellement offensé.

Je ne trouvais plus guère de goût à ma besogne ordinaire. Je me plaignais de la poussière en frottant les meubles, du soleil quand je sarclais dans le jardin, de la fatigue quand je chaussais des sabots... Tout me devenait ennuyeux ! Je prenais ombrage de la moindre chose ; mon père s'étonnait de mon changement d'humeur ; je ne m'étais jamais montrée aussi désagréable avec Pinson.

Quand les paysans me parlaient, je les comparais à M. le comte si noble, si distingué, à M. Fulgence si beau, à M. Hubert si bon enfant et si gai, et je me disais que j'aimerais mieux servir chez des gens du monde que d'être la maîtresse dans une maison d'ouvrier ou de vigneron.

Mon père ne me faisait aucune observation, mais il paraissait bien triste.

Pinson devenait sec comme un échalas.

Je ne revis ni M. Hubert ni son ami.

L'automne arriva, les feuilles tombèrent et les artistes partirent.

J'avais obtenu de mon père la permission d'habiter la belle chambre. C'était un enfantillage à moi de le demander, une faiblesse à lui d'y consentir ; mais je me trouvais si seule, si isolée, je recherchais si peu les fêtes des environs où l'on danse, qu'il fallait bien m'accorder un dédommagement.

Cette chambre me faisait trop penser à Paris, à madame Cendrinette, à tout le luxe dont j'avais vu un échantillon.

Pendant mes heures de loisir, j'avais rétréci le corsage de la robe à raies bleues que madame

3.

m'avait donnée et raccourci la jupe qui menaçait de me faire tomber à chaque pas.

Je me coiffais alors comme j'avais vu madame, et je me regardais dans la glace, me sachant bon gré d'avoir un minois avenant.

Comme mon père ne quittait jamais le rez-de-chaussée, où il couchait, je ne prenais point la précaution de fermer la porte au verrou.

Un soir que je m'admirais dans ma belle toilette, il ouvrit brusquement la porte.

Je me couvris la figure de mes deux mains.

Je comprenais que j'avais fait mal.

Mon père vint à moi, écarta brusquement mes doigts de mon visage, et me demanda d'une voix altérée :

— Oses-tu encore m'appeler ton père ?

— Oui, je l'ose, lui répondis-je, car je n'ai commis aucune faute grave.

— Grave, non ! mais c'est l'instinct qui te l'a fait commettre qui m'attriste et que je déplore... C'est pour des robes comme celle-là que les filles se perdent à Paris... C'est sans doute cette créature qui te l'a donnée.

— Ah ! mon père !

— Je m'entends... Si je la juge sévèrement, c'est que j'ai des raisons pour cela... Voyons, avoue-le-moi... tu as regardé cette étoffe avec plaisir, et elle t'en a fait cadeau.

— C'est vrai.

— Et tu y tiens beaucoup ?

— Elle est si jolie !

— Mais quand je t'achète du droguet, moi, c'est au prix de mes sueurs... Il a fallu que je veille sur mes sarments, que je les émonde, que je les défende, que j'épie le bourgeon et la vigne, que je préserve le fruit de l'ombre qui le rendrait acide et de l'abeille qui en pomperait le suc... Je comprends alors que tu attaches du prix à une pauvre robe de laine... Mais cette soie-là, on la ramasse dans la boue... et ça tache les mains...

— Vous êtes bien sévère.

— Aussi, tu ne la porteras pas ! tu ne la porteras jamais, entends-tu ! ni dans la rue, pour qu'on te montre au doigt, ni dans ta chambre, pour que le diable te tente... Cette robe est possédée, et je vais la brûler.

Je priai, je suppliai ; tout fut inutile : la robe était condamnée.

— Dans un quart d'heure il faut que tu l'aies quittée, me dit mon père.

Au bout de deux minutes c'était fait. Je me sentais irritée, humiliée; j'avais des pleurs de rage dans les yeux.

Mon père rentra.

Je lui montrai la robe que j'avais jetée à terre.

Puis, fouillant dans les meubles, j'y joignis le mantelet, les dentelles, en m'écriant exaspérée :

— Vous me poussez à bout! car ceci est de la tyrannie. Qu'est-ce que cela vous fait que je mette de belles robes dans ma chambre? Au surplus, je m'en moque! Un jour viendra où je serai maîtresse de mes actions, et alors j'irai servir à Paris.

— Chez des drôlesses! s'écria mon père.

— Ça m'est égal.

— Tu te perdras!

— C'est peut-être moins ennuyeux.

— Mais tu déraisonnes, Annette! Sûrement tu ne penses pas les choses que tu dis!... Je t'ai élevée dans de trop bons principes, et ta mère était une trop honnête femme... Tiens! je donnerais ma vigne, mon gagne-pain! et ma maison, mon seul abri! pour que cette femme de Paris n'eût jamais franchi le seuil de ma porte... Tu serais restée douce et tranquille, comme avant..., ne songeant qu'à tes devoirs et à mon bonheur, pensant plutôt à remplir le bûcher de bois qu'à te regarder au miroir... Vois-tu, les jeunes filles ressemblent aux alouettes, et on emploie les mêmes moyens pour les chasser... Voyons, Annette, réfléchis... console par un mot un pauvre bonhomme de père qui t'aime et qui n'a que toi de précieux au monde... Tiens, j'ai été méchant et brutal tout à l'heure..., mais il ne faut pas me garder rancune...; au fond de la colère des vieillards on ne trouve que de la tendresse..., tendresse égoïste peut-être, mais tendresse profonde, et dont plus tard tu sauras le prix... Je comprends bien, va, que les jolies filles, — car tu es une jolie fille, Annette, — aiment ce qui reluit, ce qui brille et les flatte...; mais c'est à nous de leur dire : Ça n'est jamais donné, ça se vend, et cher, bien cher... Les pauvres n'ont que leur honnêteté pour fortune, et je veux que tu sois riche de ce côté-là... Voyons, est-ce fini? Tu n'es plus fâchée? Je mettrai de côté, pour t'avoir une toilette, tout l'argent gagné avec la location de mes chambres...; elle ne sera que de laine, mais tu pourras la porter devant tout le monde, sans crainte d'être affrontée, et dire à toutes tes amies : C'est un cadeau de mon père !

Devant cette bonté, j'eus honte de ma conduite.

— Vous n'avez aucun tort, dis-je à mon père...; c'est moi, moi seule... Je vous remercie du beau présent que vous voulez me faire, et je l'accepte.

Nous passâmes ensemble le reste de la soirée.

Le souvenir de ma mère nous revint.

Nous pleurâmes en nous rappelant combien elle s'était dévouée pour notre bonheur. Jamais je n'avais autant aimé mon père, et je me sentais vraiment bien loin de Paris, du théâtre, de M. Fulgence et de mademoiselle Cendrinette.

Je ne sais pas ce que mon père dit à Pinson ;

mais, encouragé sans doute par une première preuve de soumission, il m'en demanda une seconde.

Pinson rôdait autour du jardin ; vingt fois par jour il frappait à la porte.

Il lui fallait un râteau ; il avait besoin de paniers ; un conseil lui était nécessaire pour sa vigne. Il s'informait de mon père, qu'il était presque sûr de ne pas trouver, puis demeurait en face de moi planté comme un soliveau, roulant des yeux bêtes et poussant de gros soupirs.

Je pense qu'il appelait cela faire sa cour.

Je lui riais au nez sans me gêner, continuant mon ouvrage, ou bien je le renvoyais sous le prétexte que je devais sortir. Il ne s'obstinait pas ; seulement, arrivé sur le seuil, il se retournait, se contentant de dire :

— Ah ! mam'zelle Annette !

Je comprenais bien mieux que je n'en avais l'air.

Mais il m'était plus facile d'éluder une question que d'y répondre.

Enfin un jour, c'était en novembre, les premières gelées étaient venues, mon père et moi nous travaillions dans le jardin :

— Pas moins, faut te décider, Annette ; Pinson fait frémir et le chagrin le rend encore plus sec. Il n'est point beau, point trop avisé ; mais tu le ferais monter au plus haut peuplier de la rive pour t'atteindre un nid d'oiseau ; c'est bon d'être bien aimée... et c'est nécessaire ; car enfin, un peu plus tôt, un peu plus tard, je te manquerai, moi...

— Vous, mon père ! Dieu merci, vous jouissez d'une bonne santé.

— Jusqu'à cette heure, ça ne va pas mal, et pourtant j'ai parfois des étourdissements dont je m'épeure... On s'en sauve une fois, la seconde on y peut passer... Que deviendrais-tu si je mourais ?

— Je travaillerais.

— Tu n'auras que la vigne pour dot, et encore ne te suffira-t-elle pas... Elle nous nourrit maintenant parce que je fais tout l'ouvrage ; mais s'il fallait payer un homme de journée, il ne te resterait guère de profits... et puis, une jeunesse, un ouvrier !... Tandis que si tu épouses

Pinson, tu n'as plus d'inquiétude : il cultive le bien de sa femme, le fait valoir le plus possible, et tout est dit... C'est pour ton bonheur que je te parle ainsi...

— Feriez-vous donc mon bonheur en me rendant malheureuse ?

— Malheureuse, toi !

— Sans doute, je le serai si j'épouse Pinson.

— Mais pourquoi ?

— Il est laid.

— On s'habitue à sa figure.

— Il est bête.

— Tu gouverneras le ménage.

— Enfin, je le déteste !

— Ah ! tant que cela ?

— Oui, tant que cela.

— Ce n'est pas seulement lui que tu détestes, c'est sa position, son état.

— Mon père !

— Tu aurais honte d'être la femme d'un travailleur.

— Non, mais... mais si vous m'aimez, vous ne m'en parlerez plus.

— Tu le refuses ?

— Oui, mon père.

— Et si je te commandais de l'épouser?..

— Je crois que vous auriez tort.

— Parce que tu ne m'obéirais pas?...

— Je ne dis pas que je refuserais de me soumettre, mais j'en mourrais ! et vous ne voulez pas tuer votre petite Annette que vous aimez tant ?

Mon père m'embrassa sans me répondre.

A partir de ce jour, il devint bien triste.

Pinson disparut de Thomery.

On me dit qu'il était dans le bois et qu'il braconnait.

Je crois à la destinée, moi ; et tout ce qui m'est arrivé devait certainement être ainsi, car si j'avais refusé de devenir la femme de Pinson, je n'aurais du moins jamais contrarié la volonté de mon père en venant à Paris me mettre en service.

Certes, j'avais bien besogné, bûché, frotté, travaillé dans mon enfance, et cependant c'était mon beau temps ; quand je le compare à ce que j'ai vu plus tard, aux intrigues auxquelles je fus mêlée, aux spectacles que j'eus sous les yeux, je regrette ma petite maison de Thomery et mon mur garni de treilles !

L'hiver se passa.

Le soleil d'avril reparut.

Il me sembla que ma gaieté revenait avec lui.

Mais un soir mon père rentra fatigué plus que de coutume, la fièvre le saisit ; il ne put fermer les yeux de toute la nuit. Je croyais à un malaise ; mais lui, se sentant mourir, demanda le curé pendant que je courais chercher le médecin.

On le confessa, on l'administra, on ne put le guérir. Il s'éteignit dans mes bras en me bénissant et en me recommandant à Dieu.

J'eus la force de l'accompagner jusqu'au cimetière.

Quand sa fosse fut comblée et que je me relevai pour prendre le chemin de la maison, j'aperçus Pinson debout sur la fosse.

Il avait les cheveux ébouriffés, les vêtements en lambeaux, les yeux rouges et hagards.

— Merci d'avoir accompagné mon père jusqu'ici, lui dis-je.

— Il a toujours été bon pour moi, mademoiselle, et je suis reconnaissant, voilà tout...

— D'où venez-vous ? lui demandai-je avec compassion.

— Du bois.

— C'est donc vrai, ce qu'on dit ?

— Que je braconne ? oui, un peu... Que voulez-vous, je tue des faisans et des chevreuils... histoire d'un chagrin que j'ai... Il y a des amours qui ressemblent à des malheurs, et c'est sur un amour comme celui-là que je suis tombé... Une bêtise, quoi !... Seulement, votre brave homme de père n'en a jamais ri et je lui en sais bon gré...

— Vous m'en voulez ?

— Moi, mademoiselle ! et de quoi ? c'est ma faute si je ne sais pas vous plaire, et j'en porte assez ma peine... Seulement, en même temps que je venais dire une dernière prière sur la tombe de Claude, je voulais vous répéter ceci : A toutes les heures, quand vous aurez besoin de Pinson, il viendra.

— Mais si j'avais besoin de vous, où vous prendre ?

— Ah ! c'est juste ! Eh bien, vous mettriez un mot de billet chez Landry... Je suis bien triste de la mort de Claude et bien malheureux en pensant que vous allez vous trouver si seule; mais c'est égal, je vous ai vue...

— Et quoi que je vous prie jamais de faire, vous le ferez?

— Je vous le jure, par celui qui repose là.

Je regagnai la maison.

Pinson me suivait à distance ; il n'osa pas entrer.

Quand je me trouvai seule dans cette salle où j'avais la veille embrassé mon père pour la dernière fois, quand je réfléchis que j'allais me trouver sans appui, sans défense, au milieu du monde, ne sachant point d'état et n'étant habile qu'à tenir un ménage, je fus saisie d'une tristesse qui ne tarda pas à se changer en désespoir.

Je pleurai à sanglots. Toute la nuit je restai dans la salle basse.

Le lendemain seulement je rentrai dans la petite chambre.

Le souvenir de madame Cendrinette me revint.

Que faire à Thomery? chez qui servir? qu'aurais-je gagné?

Ma résolution fut vite prise.

Je portai chez le pêcheur Landry un billet par lequel je priais Pinson de cultiver pendant mon absence le jardin, dont je lui remettais la clef, lui laissant la disposition des fruits pour le payer de ses peines.

Puis, mettant mes hardes dans une petite malle, je me rendis au chemin de fer.

Deux heures après j'étais à Paris.

Un brave homme de cocher me fit monter en voiture, me demanda poliment où j'allais et me déposa à l'adresse indiquée : 10, rue d'Aumale.

Je demandai madame Cendrinette.

— Au deuxième ! me répondit le concierge.

Je montai, je sonnai ; une bonne vint m'ouvrir ; madame parlait en ce moment avec sa cuisinière. Elle me reconnut, me prit la main et m'entraîna dans sa chambre.

— Comment, c'est toi, ma pauvre Annette !

Et nous nous mîmes à causer.

IV

Huit jours après, madame avait renvoyé Désirée.

Ma place était douce, et madame ne me grondait guère.

Monsieur le comte semblait m'avoir assez en gré.

La cuisinière ne pouvait pas me souffrir, et je m'en vengeais en montrant à madame combien on la volait.

Madame n'était pas toujours aussi paresseuse qu'à Thomery, quand elle avait répétition au théâtre, car j'appris enfin qu'elle était actrice de troisième ordre à l'Ambigu. Elle se levait de bonne heure, s'habillait à la hâte, montait en voiture, revenait fatiguée, à des heures très-irrégulières, déjeunait, se couchait sur un divan et recevait des visites.

Outre M. le comte, elle voyait encore des journalistes à qui elle donnait à dîner, des actrices ses amies qui l'accablaient de caresses et la jalousaient au fond, des jeunes gens épris d'elle qui me glissaient des pièces d'or dans la main, rien que pour répondre si elle est visible.

Elle ne cachait aucune de ses relations au comte, qui paraissait avoir en elle une confiance absolue.

Madame Cendrinette dépensait cent mille francs par an et payait dix mille francs pour réciter quelques phrases dans une *Revue*.

Elle avait un mobilier magnifique et du meilleur goût, des diamants superbes et des attelages que l'on vantait.

On pouvait certainement la croire une des plus heureuses femmes de Paris.

Je la trouvais bien un peu folle, dérangée et gâcheuse ; mais elle me donnait si libéralement ses robes, elle me permettait si facilement d'aller au théâtre !

Et puis, elle n'était pas fière.

Souvent, quand elle ne sortait pas dans la matinée, elle se couchait à moitié sur son tapis, et, enveloppée dans sa robe de chambre de satin blanc capitonné, elle faisait des réussites dont elle ne me disait pas le secret, mais qui la transportaient de joie.

Je lui avais promis une fidélité à toute épreuve et une discrétion égale.

Elle se fiait à moi, et elle avait raison.

Je ne tardai pas à comprendre qu'il y avait une intrigue dans la vie de madame.

Quand je dis intrigue, je m'entends. Sa liaison avec le comte durait depuis quatre années. Il était membre d'un des grands corps de l'État, riche, décoré de presque tous les ordres d'Europe ; il l'aimait d'un amour de vieillard, tenant du maniaque et de l'enfant.

Le comte venait régulièrement tous les jours, de neuf à onze heures, quand madame ne jouait pas.

Elle se montrait avec lui despotique, entêtée :

elle témoignait sans cesse de nouveaux désirs, qu'il s'empressait de satisfaire, et si le comte se trouvait heureux, certes, il savait combien lui coûtait ce bonheur !

Mais une ou deux fois la semaine, quand M. le comte était parti, madame me sonnait bien fort, car j'accourais bien vite.

Je savais ce qu'il lui fallait.

Des chemises fines mais sans dentelle, des jupons d'une éblouissante blancheur, sans broderie, une robe d'alpaga gris ou de mousseline, suivant la saison, et un chapeau de quinze francs !

Habillée ainsi, madame ressemblait à une charmante grisette ; nous montions en voiture.

Il est bien entendu qu'elle ne se servait pas de ses chevaux.

Elle se faisait arrêter dans la rue de Seine, me laissait dans la voiture en me recommandant de m'envelopper de sa pelisse de fourrure, puis elle continuait sa route à pied.

Où allait-elle ?

Je l'ai appris depuis, quand éclata la catastrophe à la suite de laquelle je quittai madame Cendrinette.

On se rappelle la carte mise dans le coffret avec la moitié du mouchoir.

Cendrinette était revenue à Paris avec une passion dans le cœur.

Une passion folle, insensée, qui pouvait bouleverser toute sa vie, mais qui la prenait tout entière.

Elle n'eut qu'une idée après son retour à Paris, revoir M. Fulgence!

Mais, d'après ce qu'elle me raconta elle-même, elle connaissait déjà trop le caractère de l'étudiant pour croire qu'il pourrait être l'amant d'une actrice de théâtre de boulevard entretenue par un grand seigneur.

Il fallait jouer avec lui une comédie : elle s'y résigna.

Ou plutôt ce ne fut point la comédie de l'amour qu'elle joua avec M. Fulgence; elle l'aimait réellement, sincèrement.

Elle partagea sa vie en deux.

L'une appartint au comte, aux soupers, à

la vie folle, aux planches, au tapage ! Ce fut son enfer.

L'autre se fit calme, paisible, modeste, et devint son ciel.

En prenant sa toilette modeste, elle changeait pour ainsi dire de nature.

La courtisane devenue amoureuse se purifiait par cet amour même.

Elle tremblait en montant les six étages de l'étudiant.

Elle tremblait encore davantage quand M. Fulgence l'attirait sur son cœur en murmurant :

— Comme tu viens tard !

Elle trouvait toujours d'excellentes raisons à lui donner : on avait eu de l'ouvrage pressé à son magasin, et puis elle avait dû rentrer chez sa vieille tante, qui avait eu ce soir-là bien de la peine à s'endormir... Enfin elle était sortie, tremblante de réveiller le petit chien de la Havane ou le chat angora... Elle avait couru... elle en gardait encore une palpitation.

Fulgence l'écoutait, la regardait.

Il s'enivrait de la voir et de l'entendre.

Jamais madone sur un autel ne fut vénérée comme Cendrinette dans cette mansarde.

Fulgence baisait ses cheveux et ses doigts.

Elle le fit attendre quinze jours pour lui permettre de tenir dans sa main une bottine d'enfant.

L'étudiant lui racontait sa vie de lutte, de travail ; il l'associait à ses succès. Parfois il se plaignait d'avoir trop pensé à elle et d'avoir négligé l'étude.

— Je travaille pour nous! disait-il.

Car Fulgence songeait à l'épouser.

Quand il l'avait suppliée de se donner à lui dans un moment d'ivresse, c'avait été en couvrant cette faute du voile d'une promesse sacrée.

Une fois reçu avocat, il trouverait à s'employer ; et puis elle avait son aiguille.

Cendrinette éprouvait quelquefois des remords quand elle prêtait l'oreille à ses rêves.

Être infidèle au comte, ce n'était point absolument le tromper, car si le comte se fiait à une femme de sa sorte, il était véritablement bien fou !

4.

On doit aux vieillards le moins de bonheur possible, en le faisant payer le plus cher qu'on peut.

C'est tout le secret de ces dames, et j'ai assez étudié les variétés de l'espèce pour avoir, je crois, là-dessus une idée juste.

Celui qui se fie à une lorette ou à une petite actrice est un sot, tant pis pour lui !

Tromper celui qui fournit à leur luxe est en quelque chose une conséquence qui leur semble logique.

L'instinct de la duperie est en elles.

Elles ont besoin de mentir autant que de respirer.

M. le comte était trop sérieusement épris pour se sentir jaloux. Et puis Cendrinette affectait avec lui une grande franchise, lui laissait décacheter ses lettres, lui adressait tous ses mémoires et ne lui refusait jamais sa porte.

Donc le tromper, ce n'était même pas une faute.

Mais mentir à Fulgence, quel crime !

Se grimer de vertu ! mettre la modestie sur son front et dans ses yeux, comme au théâtre elle devait mettre du blanc et du rouge sur ses joues !

Abuser de sa crédulité naïve !

Lui voler ses adorations, son respect, ses tendresses exaltées, ses larmes divines, trésor qu'on ne retrouve pas toujours et qu'il lui prodiguait !

Les heures qu'elle passait dans cette mansarde étaient à la fois amères et divines.

Elle aimait, elle était aimée !

Mais l'amour qu'il éprouvait pour Louise l'ouvrière en dentelle, il ne l'aurait pas prostitué à Cendrinette la courtisane.

Elle le savait si bien, qu'elle pleurait souvent dans ses bras.

Alors Fulgence s'accusait de ne pas la rendre heureuse. Il lui répétait qu'il fallait qu'il devînt stupide pour arracher des larmes à sa bien-aimée pendant les rapides instants où il leur était donné de se voir.

— C'est la rareté de ces heures qui m'afflige ! disait Cendrinette.

— Mais je t'attends toujours, méchante !

Et ils reprenaient leurs causeries et leurs baisers.

Madame me l'a dit souvent : elle ne se sentait vivre que dans cette mansarde.

Elle n'était pas belle, pourtant !

Un toit faisant angle éclairé par une fenêtre en tabatière, un lit de noyer, une commode, deux chaises, une table, et quelques livres sur un rayon.

Le linge n'était pas plus fin que celui de la chambre de Thomery, mais ils ne s'en apercevaient guère.

Un jour madame commença une tapisserie.

Jamais je ne l'avais vue travailler ; et elle se mit à cette besogne avec une ardeur qui me surprit.

— Madame veut faire une surprise à monsieur le comte ?

— Moi ! quand je lui donne un ouvrage à l'aiguille, c'est que je l'ai acheté tout fait... Ceci, c'est pour Fulgence, je me suis mis dans la tête de lui broder un ameublement.

Le fauteuil fini, elle le fit monter et l'envoya chez l'étudiant.

Il pleura de joie.

— Tu songes déjà à notre ménage! disait-il.

Comme il travaillait, le pauvre jeune homme! Madame me disait qu'il avait le visage plus pâle encore qu'à Thomery.

Mais il prenait régulièrement ses inscriptions, et sa famille lui envoyait de bonnes lettres pour le féliciter de son amour au travail.

M. Fulgence sortait moins que jamais.

Quoique madame ne vînt guère chez lui qu'à onze heures passées, si quelques empêchements retenaient M. le comte, elle courait rue de Buci, et dans l'espérance de la voir, Fulgence s'était fait prisonnier volontaire.

Il cachait avec soin à M. Hubert qu'il avait revu la jeune femme de la forêt, l'X de la fresque au cabaret. Il était de ceux qui croient s'enlever la moitié d'un bonheur en le révélant.

Du reste, madame l'entretenait dans ses goûts de solitude. Elle donnait tant d'éloges à sa conduite et paraissait attacher tant de prix à son assiduité, qu'il redoublait de zèle pour l'amour d'elle.

Comme j'étais seule dans sa confidence, elle

avait pour moi une véritable amitié que le temps accrut encore.

Je ne comprenais pas qu'on pût aimer un homme et appartenir à un autre. Ma petite conscience de fille de la campagne voulait parfois se révolter; mais je lui imposais silence, me disant que cela ne me regardait pas, et qu'après tout j'avais une bonne place et une bonne maîtresse.

Je me trouvais aussi bien que possible.

Madame continuait son roman, et le comte s'estimait toujours heureux.

Un soir, madame jouait dans une pièce nouvelle.

Le comte, ne pouvant la voir dans la soirée, la prévint qu'il la ramènerait et souperait chez elle.

C'était une première représentation.

Madame était fort occupée de son rôle et de ses costumes.

Elle avait largement payé le chef de claque pour qu'on lui soignât une entrée et une sortie.

L'auteur était un des plus connus et de ceux qui ont le plus de succès dans ce genre.

Madame voulait être remarquée, applaudie : il lui fallait une véritable ovation.

Elle avait demandé la veille au comte une maison de campagne qu'il hésitait à acheter.

Il s'agissait de remporter une victoire complète et d'exploiter habilement la joie du noble vieillard.

Comme d'habitude, j'accompagnais madame au théâtre.

Je ne sais pas si je vous ai fait le portrait de mademoiselle Cendrinette ?

Un visage ovale, de grands yeux doux, libertins parfois sous leurs longs cils ; une taille élégante, une poitrine charmante, une main irréprochable et un joli pied.

Les hommes s'en éprenaient facilement.

Les billets doux pleuvaient chez elle.

Elle avait l'habitude de ne pas les décacheter.

Le soir venu, elle les tendait au comte.

— Allumez votre cigare ! disait-elle.

Le comte souriait et lisait.

Quand la lettre était sérieuse, c'est-à-dire

quand elle renfermait une offre chiffrée, Cendrinette disait avec une grâce sans égale :

— Ça ne me coûte pas de refuser cela, je vous aime !

Seulement, dans sa bonhomie, dans sa générosité de gentilhomme, M. le comte ouvrait toujours à l'actrice un crédit extraordinaire équivalant à la somme offerte, ou le lendemain il offrait le même bijou.

— Pauvre petite ! disait-il, vous ne devez pas porter la peine de votre fidélité et de votre tendresse.

Elle le remerciait avec une vive effusion, lui répondait qu'il la gâtait trop, s'accusait d'être capricieuse et coquette, d'aimer la parure avec extravagance, et terminait son petit discours en lui jurant qu'elle n'accepterait plus rien de lui !

Cette comédie se reproduisait souvent, au grand avantage de Cendrinette.

Je ne répondrais même pas qu'elle n'eût point fait écrire quelques-unes de ces lettres qui produisaient un si merveilleux effet.

Elle alla plus loin.

Pour faire augmenter sa pension, elle feignit de recevoir une lettre du général des théâtres de Saint-Pétersbourg. On lui offrait pour trois ans un engagement magnifique.

Elle venait de m'appeler pour me demander quelque chose, et je pus saisir alors son véritable but.

— Qu'allez-vous faire? dit le vieux gentilhomme.

— Vous le demandez? murmura-t-elle.

Puis, s'adressant à moi :

— Un buvard et tout ce qu'il faut pour écrire.

Elle prit une feuille de papier et traça trois mots : « *Refus et remerciement.* »

Puis elle tendit la lettre au comte.

— Je suis un ingrat! lui dit-il.

Il avait les larmes aux yeux.

Elle mit l'adresse, cacheta l'enveloppe et me dit :

— Cette lettre à la poste, et tout de suite.

Je compris, et j'allai porter la lettre dans sa chambre.

Quand elle me donnait une commission de ce genre, et qu'elle ajoutait *tout de suite,* c'est que je devais m'empresser de ne pas la remplir.

Je ne sais pas si ce fut comme compensation de ce sacrifice, mais Cendrinette reçut le lendemain une broche de brillants qu'aucune femme n'avait pu acheter à Paris.

Le soir de la première représentation en question, il s'agissait, comme je l'ai dit, d'une maison de campagne.

L'ouvreuse devait faire jeter six bouquets; madame avait acheté au bureau, en les payant fort cher, toutes les places qui restèrent vacantes après le service spécial de l'auteur et de la rédaction.

— Je suis sûre de mon succès! me dit-elle dans sa loge pendant que je l'habillais.

— Moi aussi, madame.

— D'abord, j'ai de magnifiques costumes.

— C'est ce que dit le costumier.

— Et puis j'ai du talent.

— C'est ce que pense monsieur le comte.

— A propos! est-il déjà dans la salle?

— Je ne sais pas, madame.

— C'est que je parais dès le premier acte...
Une phrase ronflante à dire et une pirouette à faire.

— Madame sera sublime.

— Mon maillot de soie est-il solide ?

— Très-solide.

— L'adverbe est de trop.

Elle me fit encore raccourcir sa jupe de deux doigts.

Vraiment, elle était charmante ainsi, et je comprenais presque que le comte fût amoureux d'elle.

La cloche sonna.

Puis vinrent les trois coups.

Enfin on leva le rideau.

La claque gagna son argent : Cendrinette fut très-applaudie.

On alla plus loin, on la rappela.

Elle fit un salut gracieux en envoyant un baiser circulaire, et remonta lestement dans sa loge.

— Je crois, me dit-elle, que je tiens le rez-de-chaussée de ma maison de campagne.

— J'en suis sûre, madame.

Son second costume était encore plus transparent, plus court que le premier.

Avant le lever du rideau, elle alla regarder dans la salle.

Elle revint à moi tout effarée.

— Annette! Annette! il est là!

— Qui?

— Fulgence!

— C'est impossible, madame!

— C'est ce que je me suis dit.

— Calmez-vous! voici le moment d'entrer en scène.

— Va voir! va voir, Annette.

Je me glissai jusqu'au rideau, et je n'aperçus point l'étudiant.

— Ah! fit-elle en respirant, je suis réellement folle, ma pauvre Annette... Fulgence ici, cela manquait tout simplement de sens commun.

C'était à son tour de paraître.

Elle fut plus faible qu'au premier acte. On voyait qu'elle était préoccupée et qu'elle cherchait quelqu'un dans la salle.

Le comte crut qu'elle ne le voyait pas; il se pencha un peu en dehors de sa loge et applaudit.

Alors éclata la fanfare romaine.

— Cendrinette ! Cendrinette ! criait-on du parterre.

Un tonnerre de bravos tomba du paradis.

Deux couronnes roulèrent aux pieds de l'actrice.

Soudain, au milieu de cette tempête d'applaudissements, de rappels, de cris complaisants ou payés, une voix grave, altérée jeta ces mots :

— Bravo, Louise !

Cendrinette, qui s'inclinait en saluant, bondit comme frappée par l'électricité.

Ses yeux se dilatèrent.

Elle plongea dans la salle un regard avide.

Alors un jeune homme pâle se leva de l'orchestre, et debout, il répéta de sa même voix austère :

— Bravo, Louise !

Cendrinette tomba sur la scène, roide comme un cadavre.

Un mouvement général suivit.

Le jeune homme au front pâle, aux cheveux noirs, traité en perturbateur, fut presque jeté à la porte.

Le comte inquiet quitta précipitamment sa loge et se rendit dans les coulisses.

Il se croisa avec le médecin du théâtre.

— Par grâce, monsieur, lui dit-il, donnez-moi des nouvelles de mademoiselle Cendrinette.

— Ce n'est rien qu'une attaque de nerfs, répondit le docteur. La chère enfant a été désagréablement impressionnée au milieu d'un succès... sa meilleure création jusqu'à ce jour... De rien elle a fait une chose charmante... Des gouttes d'Hoffmann, du repos, et aucune émotion vive, voilà tout ce que je puis lui prescrire.

M. le comte entra dans la loge de madame.

Je la tenais dans mes bras, elle pleurait.

— Fulgence ! c'était Fulgence ! répétait-elle. Ah ! je voudrais être morte.

Son noble protecteur se montra parfait pour elle.

Le directeur, qui avait fait apprendre le rôle en double, en fut quitte pour une annonce au public entre le deuxième et le troisième acte.

La pièce nouvelle continua à se révéler au public.

Pendant ce temps, madame, couchée sur les coussins de la voiture, pleurait, sanglotait, étouffait des cris qui mettaient le comte au désespoir.

Quand madame fut dans le salon, elle tomba sur un canapé, et, véritablement, elle semblait plus morte que vive...

VI

Les autres domestiques étaient tellement ahuris par cet accident ; le comte leur donnait des ordres divers si contradictoires ; le pharmacien et le médecin envoyaient l'un des médicaments, l'autre une nouvelle ordonnance ; on allait et venait avec une activité si fièvreuse, qu'on laissa entrer, le prenant sans doute pour une personne du théâtre, le seul être à qui cette maison aurait dû être fermée dans un pareil moment.

Madame ouvrait les yeux et revenait à elle, quand elle vit debout, en face, l'étudiant en droit.

— Lui ! encore lui ! murmura-t-elle.

Le comte se tourna brusquement vers le jeune homme.

— Qui êtes-vous, monsieur? lui demanda-t-il.

— C'est à cette femme qu'il faudrait adresser votre question, monsieur.

— Mais cette femme est évanouie, à demi morte! et c'est vous, vous, monsieur, qui l'avez mise dans un tel état... Vous étiez au théâtre, tout à l'heure, je vous ai vu...

— J'y étais en effet, monsieur.

— Et quand le public applaudissait, au lieu de rappeler madame comme tous les enthousiastes de son talent, vous avez crié : — Bravo, Louise!

— C'est qu'elle n'est que Louise pour moi, monsieur.

— Eh! monsieur, reprit le comte, nous savons tous que ces dames ont des noms de théâtre et de genre... J'ignore si au baptême on lui a donné le nom de Louise, je ne connais que mademoiselle Cendrinette!... Au surplus, monsieur, poursuivit le comte, je ne sais si madame a cru voir une offense dans votre manière de l'applaudir, mais il est certain que votre conduite au théâtre l'a seule mise dans cette situation... Retirez-vous donc, je vous prie, monsieur, et si vous désirez lui parler, vous choisirez un moment plus opportun.

— Pardon, monsieur, reprit M. Fulgence avec un calme qui me fit frémir, êtes-vous le père de Louise ?

— Non, monsieur.

— Son mari ?

- Pas davantage.

— Son tuteur, son oncle ? que sais-je moi ! à quelque titre que se soit, pourvu qu'il soit légal, avez-vous le droit de la protéger ?

— Ces questions...

— Ne sont qu'étranges ; n'y voyez aucune intention de vous offenser.

— Je ne suis rien de tout cela pour mademoiselle...

— Je comprends !.. dit amèrement l'étudiant. Eh bien, moi, monsieur, j'étais l'ami, l'amant, le fiancé de cette femme.

— Taisez-vous ! taisez-vous ! s'écria Cendrinette.

— Vous m'écouterez, dit Fulgence; ce sera votre châtiment.

Le comte, impressionné par la profonde douleur qu'on pouvait lire sur le visage de l'étudiant, pressé par une curiosité jalouse, ne l'interrompit plus.

Fulgence reprit :

— Cette femme, monsieur, je ne l'ai pas cherchée; c'est par hasard que je l'ai vue à Thomery; je la trouvai belle, je le lui dis, elle n'en prit point ombrage... Elle eut mon adresse à Paris et vint me voir à son retour... Je suis étudiant, monsieur, et je suis pauvre! C'est vous dire que si j'avais des aspirations vers l'amour, je ne pouvais sacrifier à la fantaisie qui passe ni les heures de mon travail ni le peu d'argent que m'envoyait ma mère... Cet argent suffisait à me donner du pain et à payer mes livres... J'avais jusqu'à cette heure fui toute distraction; je m'étais sevré de toute joie; on eût dit que j'avais soixante ans, à me voir pâlir sur ma table de travail pendant les heures de la nuit... Mais je vous l'ai dit, je la trouvai belle, et vous savez qu'elle s'entend à séduire... Elle monta mes six étages... Elle venait à moi vêtue simplement, déguisant sa honte sous le costume de l'ouvrière modeste... Elle me contait ses ennuis, me demandait les miens. J'en vins bientôt à donner toute ma vie dans une promesse sacrée... Je vous le jure, monsieur, je n'attendais que le jour où ma thèse serait passée pour la nommer ma femme. Étais-je assez fou et stupide! Je ne voyais pas que sa grâce chaste, sa résignation au travail étaient autant de feintes... Je n'ai jamais menti, je ne croyais pas qu'on pût mentir... Comme si une comédienne ne jouait pas toujours la comédie, même quand elle n'est plus sur les planches... Ses visites étaient rares... une ou deux fois par semaine... et fort tardives... Elle venait chez moi à onze heures...

— Quand je partais! murmura le comte.

Fulgence continua sans l'avoir entendu.

— Je me trouvais donc heureux, bien heureux! Je me privais de tout plaisir, même du théâtre! Et cependant, plus d'une fois, je me suis passé de dîner pour acheter un billet de spectacle... Elle pouvait être libre, par hasard, par bonheur, elle fût venue... Est-ce que je

pouvais courir le risque de perdre sa visite!...
Du reste, et c'était un calcul sans doute, elle avait soin de laisser de l'incertitude sur le jour de ses apparitions... Il en résultait que je l'attendais sans cesse... Et avec quelle ivresse! fou, stupide! Oui, c'était comme cela, monsieur! j'attendais cette comédienne avec les battements de cœur que doit causer l'amour d'une vierge.

Cependant, il y a trois jours, quand je la suppliai de venir chez moi aujourd'hui, elle me répondit que cela lui serait impossible, qu'elle avait beaucoup d'ouvrage, et qu'elle l'achevait chez elle, parce que sa tante était malade... Je croyais à sa tante, comme je croyais à son travail et à sa sagesse... Triste à la pensée de ne point la voir, mal disposé à l'étude par cette déception de cœur, je me sentais bien malheureux dans ma pauvre mansarde froide, quand on frappa à ma porte... Je crus que c'était elle... Ce n'était point son heure pourtant! je fus vite détrompé... C'était un de mes amis, Léopold Hubert, qui m'accompagnait à Thomery... Léopold avait deux billets pour la première représentation de ce soir; il connaissait l'auteur; on comptait sur son zèle et ses larges mains...

— Que fais-tu ce soir? me demanda-t-il.
— Rien !
— Tu ne travailles pas?
— Non.
— Je t'emmène au théâtre.
— A quel théâtre?
— A l'Ambigu... pour une férie, un je ne sais quoi à machines.
— Tu sais bien que je ne vais qu'aux Français.
— Sans doute, d'ordinaire, mais cette fois, c'est pour te désennuyer... Et puis, tu verras des femmes charmantes.

Je l'interrompis par un geste.

— Allons, me dit-il, viens par amitié pour moi, qui m'y rends par dévouement pour l'auteur.
— Cela te fera véritablement plaisir?
— Grand plaisir.

Nous descendîmes... L'air me fit du bien... Nous causions joyeusement... Léopold se montrait expansif, il ne demandait pas mon secret, mais il souhaitait le connaître... Nous arrivons un peu tard... Pour ne pas déranger plusieurs personnes, nous attendons que l'acte soit fini pour gagner nos places... Le rideau baisse... Nous prenons possession de nos fauteuils d'orchestre... On lève la toile... La pièce était drôle, je riais franchement.

— Tu vois bien que tu as eu raison de venir, me dit mon ami.

— Je commence à le croire, lui répondis-je.

La pièce marchait bien... Distrait, cependant, une minute par mes pensées, je ne songeais plus à la pièce qui se jouait devant moi, quand des applaudissements frénétiques me font lever brusquement la tête.

J'étouffai un cri de surprise.

— Comment s'appelle l'actrice qui entre en scène ?

— Cendrinette.

— Tu te trompes.

— Regarde le programme.

Je lus également le nom de Cendrinette.

— C'est impossible ! tu ne la connais pas ; le journal ment ou je suis fou !

— Cela me paraît plus probable, dit Léopold en riant.

Je lui serrai le bras à le briser.

— Ne comprends-tu pas que j'aime cette femme ?

— Cendrinette ?

— Eh non ! Louise ! Elle se nomme Louise pour moi !

Mes voisins réclamèrent énergiquement le silence. Je me tus.

Mais au moment où l'actrice rappelée, acclamée, s'inclina devant le public, je me levai et criai à mon tour :

— Bravo, Louise !

Il me semble, monsieur, que j'étais dans mon droit... Cette femme s'est troublée, puis évanouie... J'ai traversé les couloirs du théâtre comme un insensé... Je suis arrivé à la petite porte de sortie... Une voiture était là... On l'y a déposée, et j'ai entendu seulement ces mots : « Allez ! » — Où ? J'ai suivi la voiture en courant... Il fallait que je vinsse ici, que je visse cette malheureuse bien en face, et que, lui jetant ma douleur et son infamie au visage, je ne la quittasse que vengé... Et cependant, je n'ai jamais haï personne... et, Dieu le sait, je ne suis pas méchant !... Mais cette femme est une vipère qu'il faut écraser sur sa piqûre !

Pendant que l'étudiant parlait, madame, que je soutenais dans mes bras, n'avait cessé de le regarder.

Quand il eut fini, je distinguai ces mots :

— Comme il m'aimait !

Le jeune homme essuya son front baigné d'une sueur froide, salua le comte et lui dit :

— J'ai aimé la même femme que vous, et en même temps que vous, monsieur... Si vous croyez que je vous doive une réparation...

— Vous ne m'en devez point, monsieur, car vous ne m'avez pas offensé.

L'étudiant se dirigea vers la porte.

— Fulgence ! cria madame.

M. de X... fit un mouvement brusque.

— Monsieur le comte, je désire dire un mot à monsieur... Reste, Annette, ajouta-t-elle.

Le comte sortit.

— Que voulez-vous encore ? demanda brièvement le jeune homme.

— Vous avez été bien dur pour moi, Fulgence.

— J'ai été juste.

— Non, cruel! car enfin, si je vous ai trompé, c'est que je vous aimais!

— Vous, aimer!

— Ah! tu as tort! continua-t-elle, je t'aimais! follement, sincèrement! Sous le masque d'un autre nom et le travestissement d'une ouvrière, j'étais réellement une autre femme... Mon passé! est-ce qu'il m'appartient pour le refaire?

— Le passé n'est à personne!

— Mais j'ai le présent, Fulgence.

— Le présent est à l'homme qui soutient votre luxe.

— Eh bien! dit madame en se dressant toute pâle et toute baignée de larmes, veux-tu que je le quitte?

— Pourquoi faire?

— Pour vivre avec toi!

— Dans ma mansarde?

— Où tu voudras!

L'étudiant se mit à rire.

— Je croyais la comédie finie, madame.

— Tu ne crois pas!

— Je ne vous crois plus.

— Pas même maintenant, quand je me repens, que je pleure, que je t'offre de quitter ce luxe qui t'offense pour partager ta misère!

— La misère! répéta fièrement le jeune homme, vous n'êtes pas digne de la comprendre, et si jamais vous la subissez, vous ne ferez que la déshonorer.

— Ah! c'est fini! bien fini! tu me méprises trop!

— Vous n'avez pas autre chose à me dire?

— Si, j'ai à te dire que je mourrai si tu me quittes ainsi.

— Mourir, vous! c'est comme si vous me répétiez que vous voulez sérieusement porter des robes d'indienne et des tartans... Quelqu'un mourra peut-être de cette comédie qui se termine en drame, mais, à coup sûr, ce ne sera pas vous.

— Il est sans pitié, dit-elle.

Elle s'évanouit de nouveau.

L'étudiant sortit.

J'appelai le comte.

Il entra et prodigua à madame les soins les plus empressés.

Il semblait avoir complétement oublié ce qui s'était passé au théâtre. Cendrinette souffrait, il n'en voulait plus savoir davantage.

Quand elle reprit ses sens et qu'elle le vit près d'elle, elle demanda tout bas :

— Il est parti ! Allons, c'est bien fini !

— Oui, c'est fini ! dit le comte.

Un moment après elle reprit :

— Vous m'en voulez beaucoup ?

— J'ai le cœur déchiré.

— Que voulez-vous, je suis une enfant méchante, je fais du mal à tout le monde... J'ai voulu composer un roman, je ne m'y entends pas, je donnerai ce sujet à un feuilletoniste.

— Il faut vous laisser mettre au lit, dit-il, et permettre qu'on vous soigne.

— Pourquoi ?

— Pour vous guérir.

Elle se laissa faire docilement.

Je ne la quittai point, et M. le comte demeura dans le salon sur le canapé, pendant que madame s'assoupissait.

Le lendemain, étaient-ce les larmes ou les veilles, il avait les yeux rouges et gonflés.

Madame dormait, il m'appela.

— Ta maîtresse repose?

— Oui, monsieur.

— C'est bien, je vais faire une commission, dans une heure je serai de retour... Ma voiture est en bas?

— Oui, monsieur le comte.

— Si elle pouvait dormir jusqu'à ce que je revienne!...

Le comte sortit.

Il était rentré avant que madame s'éveillât.

Il attendit au pied de son lit le moment où elle ouvrirait les yeux.

Sans doute elle crut qu'elle avait fait seulement un mauvais rêve, car elle dit :

— Une nuit atroce... le cauchemar...

— N'y pensons plus, dit le comte.

— C'est donc vrai? s'écria-t-elle... Oui, je me souviens, hier... au théâtre... Fulgence! O mon Dieu! mon Dieu! et vous êtes là, vous?...

— Moi, toujours moi.

— Vous êtes vraiment bon!

— Ma chère enfant, dit-il, Annette vous a préparé du thé que vous allez prendre pour me faire plaisir... ensuite...

— Eh bien?

— Ensuite, nous causerons d'affaires.

Elle prit la tasse et avala quelques gorgées de thé.

M. le comte commença d'abord par se plaindre tristement d'avoir été trompé... Puis, comme elle ne s'excusait pas, il l'excusa lui-même... se trouvant des défauts, se reprochant son âge... et se demandant ce qu'il aurait fallu faire pour être aimé.

Cela était bien simple !

Il aurait suffi d'avoir l'âge de M. Fulgence, ses beaux yeux profonds et ses cheveux noirs.

Quand le comte se fut trouvé des torts, il ne tarda pas à comprendre, presque à absoudre la faute de Cendrinette... Il affecta de croire, à force de le désirer, il en vint même à être convaincu que ce roman était demeuré à l'état d'ébauche..

Madame ne disait rien.

Elle agissait avec bien plus d'adresse qu'il ne semblait au premier moment...

M. de X... se grisait de son amour, de son éloquence et de ses larmes !

Et puis, il aimait autant qu'elle ne parlât pas : il aurait craint d'être congédié.

Il y avait une seule souffrance qu'il n'eût point supportée : être privé de la voir.

Cette femme s'était emparée de toute sa vie. Il se cramponnait à cette épave de plaisir avec obstination, avec rage, avec frénésie !

Elle ne l'aimait pas, elle en avait aimé un autre, peut-être le tromperait-elle encore ? N'importe ! il voulait la garder.

En se taisant, madame conservait ou la dignité du repentir ou la possibilité du retour.

Peu à peu elle feignit l'attendrissement. Elle parla des trésors que l'on n'apprécie qu'au moment où on les a perdus. Elle rappela les bons souvenirs de leur intimité, railla sa folie, en accepta les conséquences, pleura à son tour, et remua tellement son malheureux protecteur, qu'elle lui rendit facile à dire le mot qu'il brûlait de prononcer.

— Oublie tout !

— Eh ! le puis-je, murmura-t-elle.

— Tu l'aimes toujours !

— Lui ! non certes ! Mais cette histoire est déjà la fable de Paris... On ne va pas manquer de commenter ces bravos mystérieux, de tirer de malignes inductions de mon trouble ; les petits journaux s'empareront de cette nouvelle, et Dieu sait comme je vais être dévorée à belles dents... Avec cela qu'on me jalouse assez... Léocadie ne me pardonnait pas mes chevaux... Frisonne enviait mes diamants... Une autre a pris mon rôle hier... Oh ! quant à cela, je me le ferai rendre... j'ai mes droits... Mais les journaux, mon cher comte ! que faire avec les journaux ?

— Je verrai ces messieurs.

— Que leur direz-vous ?

— Que ce jeune homme était fou et que vous avez été effrayée...

— C'est cela... puis, attendez, dans la journée vous enverrez un bronze à Chaudac, une coupe de Sèvres à Galmussot, et le *Livre d'Heures* de la reine Anne à Ottavio... Sans cela, ils aboieraient.

— Je ferai tout cela.

— Merci !

— Et puis, j'ai encore bien envie de faire autre chose...

— Quoi donc ?

— De payer au directeur les vingt mille francs de dédit portés sur votre engagement, et de vous emmener vous reposer dans cette jolie maison de Ville-d'Avray que mon notaire est chargé d'acquérir en votre nom.

— Vous feriez cela, Robert ?

— Mais c'est fait !

— Tenez ! dit-elle, vous êtes un vrai gentilhomme.

M. le comte sortit.

Je prévoyais déjà la suite de ce raccommodement.

— Madame ne me garde pas ? demandai-je.

— Tu as de l'esprit, et tu comprends que je ne le peux pas... Fulgence avait raison : cette nuit, je ne vais pas me tuer... S'il l'avait voulu, je l'aurais suivi... Il m'a repoussée, je ne puis

cependant perdre ma position pour ce garçon-
là... Un ingrat après tout! car le comte me paye
cent mille francs par an, et je le trompe; et lui,
je l'adorais pour rien!... C'est la vie... Quant
à toi, ma pauvre fille, te voilà sans place...
Heureusement que tu es déjà habile et que tu es
restée fidèle... Tu as des économies, je te donne
mille francs d'indemnité... et toute ma toilette,
sauf les dentelles et les cachemires... Je vais
encore changer de peau! ma dixième incarna-
tion!...

Elle se mit à rire.

— Au fond, je me sens triste, reprit-elle, et je
suis inquiète de Fulgence... Va t'informer de lui,
42, rue de Buci... Tu me donneras de ses nouvelles, poste restante à Ville-d'Avray... Allons!
ne pleure pas, Annette... Fais tes malles... Si je
me brouille avec le comte, tu rentreras chez moi...
En attendant, remets ce mot à une de mes amies;
elle te casera, si elle ne te prend elle-même à
son service... C'est un vrai cadeau que je lui
fais!...

Madame Cendrinette quitta Paris le même
soir.

VI

Je me trouvais donc sans place, munie seulement de la lettre de recommandation que mademoiselle Cendrinette m'avait laissée pour *madame Aurélia*.

Ces dames, pour des raisons d'euphonie, oublient presque toujours leurs noms de famille et dénaturent leurs noms de baptême.

J'avais vu madame Aurélia à des dîners et des bals de Cendrinette.

Elle portait alors de riches toilettes et habitait, disait-on, un appartement au moins aussi beau que celui de ma maîtresse, et certes ce n'était pas peu dire !

Je me sentais le cœur un peu gonflé.

J'étais habituée à madame Cendrinette, rieuse, folle, bonne fille au fond. Elle m'avait fait venir à Paris de pure amitié, et si j'étais témoin d'une vie facile, elle ne me donnait jamais de mauvais conseils. Un de ses chagrins après celui d'abondonner Paris fut de se séparer de moi.

Je ne pouvais balancer pourtant.

Quand on a servi chez *ces dames*, il est impossible d'entrer dans d'honnêtes maisons. On vous demande de chez qui vous sortez, on exige des certificats. Entrée tout d'abord chez une petite actrice, je ne pouvais que me placer chez une autre ou chez une lorette.

Madame Aurélia était de cette catégorie.

Je me présentai chez elle à midi.

La femme de chambre me répondit qu'elle était sortie, et qu'elle ne rentrerait qu'à l'heure du dîner.

Assez contrariée d'abord, je pris ensuite mon parti, en me souvenant de la commission dont Cendrinette m'avait chargée au moment de son départ.

J'avais promis de m'informer des nouvelles

de M. Fulgence : c'était le moyen d'employer mon temps.

Je courus rue de Buci, n° 42.

L'escalier de cette maison est noir et termine un long corridor obscur. C'est un hôtel garni de mauvaise mine, dont le concierge raccommode les vieilles chaussures des locataires et doit allumer une lampe à midi.

Je demandai M. Fulgence.

— Il est chez lui, au sixième, la porte à droite.

Je montai.

Je ne sais pourquoi je tremblais. Je savais que j'allais trouver ce pauvre garçon plongé dans un affreux désespoir ; et le courage me manquait pour le voir malheureux. Je frappai doucement à la porte, on ne me répondit pas.

J'essayai de regarder par le trou de la serrure, il était bouché.

Une pénible pensée me traversa l'esprit.

Je me baissai vers la porte, qui ne touchait pas au carreau, et je m'aperçus qu'on avait également calfeutré les fentes et les interstices.

Je crus saisir des plaintes étouffées, l'effroi me

glaçait; il ne s'agissait pas cependant de perdre la tête; et voyant que la porte résistait aux efforts désespérés que je faisais pour l'ouvrir, je frappai à celle qui lui faisait face.

Un jeune homme m'ouvrit, sourit en me voyant, puis, comprenant bien vite qu'il s'agissait de quelque chose de grave :

— Que désirez-vous, mademoiselle ?

— Monsieur, lui répondis-je, je prévois un malheur : il faut enfoncer cette porte.

— Est-ce que mon voisin...

— Eh ! vite, monsieur ! votre voisin s'asphyxie.

Le jeune homme, qui était grand et robuste, fit sauter d'un coup d'épaule la porte vermoulue qui sortit de ses gonds.

Je ne m'étais pas trompée...

Fulgence se suicidait, comme se suicident les pauvres : avec deux sous de charbon.

Il n'avait pas voulu se jeter à la Seine, d'où l'on vous retire livide et verdâtre pour vous exposer sur les marbres de la Morgue... Il s'était étendu sur son lit après avoir allumé le réchaud, et avait paisiblement attendu la mort.

Il râlait quand nous entrâmes.

Le voisin brisa les carreaux de la fenêtre, l'air entra dans la chambre, et M. Hippolyte prodigua les premiers soins au malade.

Une lettre était sur la table.

Je lus l'adresse.

Elle portait : à madame veuve Hériot, Soissons.

— Je parie qu'il y a une femme là-dessous, me dit le jeune étudiant en médecine.

— Vous avez raison, monsieur, mais c'est à sa mère qu'il écrivait.

— Décachetez la lettre, me dit M. Hippolyte, lisez-la... Elle doit manquer de sens commun... Puis, quand vous saurez qu'elle est réellement pour sa mère, brûlez-la, et envoyez simplement un billet qui lui recommande de venir tout de suite. Faites vite.

Je ne m'étais pas trompée.

La lettre était déchirante. Le pauvre Fulgence s'accusait de faiblesse; sans donner aucun détail sur l'amour trahi dont la désillusion le tuait, il faisait comprendre à sa mère qu'il n'avait plus rien à attendre de la vie... Il regrettait les inutiles sacrifices qu'elle s'était imposés pour lui, lui demandait pardon de la profonde douleur qu'il allait lui causer, et la suppliait à genoux, quand elle recevrait cette lettre posthume, de lui envoyer, quoiqu'il fût dans la tombe, une suprême bénédiction.

— Tout n'est pas perdu, dis-je, il aime encore trop sa mère. S'il avait pu la voir, il n'aurait point songé à mourir...

J'écrivis ceci à madame Hériot :

« Madame,

« Votre fils ayant éprouvé un violent chagrin est tombé fort malade ; un voisin lui donne les soins de la science : venez lui apporter les consolations du cœur. »

Je descendis la lettre, la jetai dans la boîte et remontai.

M. Fulgence, assis sur son lit, aspirait l'air vif, et semblait réellement revenir de l'autre monde.

— Qui êtes-vous, monsieur ? demanda-t-il à l'étudiant en médecine.

— Votre voisin de palier, qui vous prie de le traiter en ami.

Fulgence me reconnut alors.

— Venez-vous de sa part? me demanda-t-il vivement.

— Oui, monsieur.

— Est-ce que...

— Elle est partie, monsieur... Pauvre madame! elle pleurait et m'a priée de venir vous voir. Il n'était que temps!

— Elle est partie! Je devine le reste...

— Dame, monsieur Fulgence, il ne faut pas lui en vouloir ; il n'a tenu qu'à vous qu'elle soit à ma place dans cette chambre.

— C'est vrai! c'est vrai! elle voulait bien! Pauvre fille! elle m'aimait... Je l'ai repoussée... J'ai rejeté ma Marion dans la boue de la rue, et foulé sous mes pieds Madeleine repentante... Elle disait hier : Je serai à toi, toute à toi! Stupide que j'étais, je l'ai repoussée... Et pourtant, cela est bien sûr, je ne puis pas vivre sans elle... Si vous saviez comme elle est belle, vous comprendriez ma folie, ajouta Fulgence en se tournant vers l'étudiant, qui, joignant la délicatesse au zèle, s'était retiré dans un coin de la mansarde.

— Je comprends parfaitement qu'on aime une jolie fille, mon voisin, mais je n'approuve pas qu'on commette une lâcheté pour elle.

— Une lâcheté?

— Ni plus ni moins; cela vous surprend peut-être de ma part, cette austérité de morale... Eh bien, vous auriez tort. On est libre de chanter, de boire, de fumer, de faire des dettes et d'être infidèle aux femmes; mais faire faillite à la société et banqueroute à Dieu; ne pas garder l'énergie de porter son fardeau de douleur, quand c'est le lot de chacun, je vous le répète, je trouve cela lâche, et tous les honnêtes gens sont de mon avis. Une femme de perdue! la belle affaire! Et puis, d'ailleurs, quand on serait condamné à ne plus sentir son cœur battre, il reste le travail : un devoir! la science : une maîtresse! Tenez, moi qui vous parle, j'adore une petite fille de seize ans fraîche comme une fleur de pêcher, rieuse comme une mouette; elle raffole de moi! Cela durera tant que cela pourra... Si cela finit, j'en serai triste, et peut-être n'aimerai-je jamais comme je l'ai aimée, mais alors je serai très-sûr de devenir un médecin sérieux... Se tuer! J'ai déjà sauvé ou soigné bien des suicides de votre âge ; sur dix, il y en a eu six par amour... trois trompés dans leurs espérances de gloire, et que le refus d'un drame ou l'insuccès d'un livre jeta dans le marasme et mena jusqu'aux filets de Saint-Cloud... Le dernier se tira un coup de pistolet parce que sa fortune se trouva engloutie dans des spéculations fausses... Tous les dix avaient des qualités réelles, même brillantes, mais ils manquaient de courage !... L'aptitude ne suffit pas pour faire brusquement un homme célèbre... Si le génie se compose de beaucoup d'inspiration, il doit s'y mêler une grande dose de patience, et rien ne me fait plus rire que ces jeunes gens qui veulent improviser en une année un succès à tout rompre, et pour qui la seconde place à Rome ne suffirait pas ! Les césars de cette trempe sont fort incomplets ! Quant à l'homme ruiné qui manque d'énergie pour refaire sa fortune, je ne le qualifie pas. La richesse n'est pas nécessaire à l'honnête homme, mais la vertu est un pain dont doit manger tout le monde... Se tuer pour les femmes ! Eh ! mon Dieu, vous rirez bien de votre chagrin d'aujourd'hui dans quelques années.

— Qu'il se guérisse, je ne le nie pas... car, je vous jure, je ne recommencerai pas cet acte de désespoir... mais que j'en rie, jamais !

— Puis, voyons, vous n'êtes pas tout seul, dans la vie ; vous avez une famille...

— J'ai une mère et deux sœurs.

— Votre mère sera ici demain.

— Elle !

— Mademoiselle lui a écrit pendant que je vous rappelais à la vie... Que voulez-vous, il y a des cas où tout est justifié, même l'indiscrétion.

— Merci ! dit Fulgence.

Je vis qu'il souhaitait avoir de moi quelques détails, et que ma présence, loin de lui paraître affligeante, le consolerait un peu. C'était encore avoir quelque chose d'elle que d'être soigné par sa femme de chambre.

M. Hippolyte descendit chercher des médicaments, un bouillon ; il fallait en outre raccommoder la porte et remplacer les carreaux brisés. Le vieux concierge criait comme un corbeau. Une pièce de vingt francs que je lui glissai dans la main le rendit souple et gracieux. Il offrit de faire les commissions et de trouver une garde-malade.

J'étais attendue chez madame Aurélia, et je ne pouvais manquer de m'y rendre à l'heure fixée.

M. Fulgence était calme.

Il me regardait aller et venir dans sa mansarde; de temps en temps il soupirait comme quelqu'un qui souffre... Je courais à lui, j'arrangeais ses oreillers, je redressais ses couvertures et lui présentais la potion de M. Hippolyte. Il me remerciait d'une voix douce et se laissait faire.

Une femme courte, grasse, mal vêtue de guenilles et se disant garde-malade se présenta de la part du concierge pour soigner le *jeune monsieur*.

Je m'aperçus tout de suite qu'elle lui inspirait une vive répulsion, et m'approchant de son lit:

— Soyez tranquille, monsieur, je ne m'absente que pour une heure... Je dois entrer dans une nouvelle place, et je demanderai quelques jours pour finir des affaires d'intérêt... Je resterai jusqu'à l'arrivée de madame votre mère.

— Vous êtes une excellent fille ! me dit-il ; je l'ai bien vu hier, car pendant cette triste scène vous pleuriez...

— Vous aviez l'air si malheureux, monsieur !

J'expliquai à la vieille femme ce qu'elle avait à faire en mon absence, et je montai en voiture pour être rendue plus vite.

Madame Aurélia était rentrée.

Un valet de chambre lui remit la lettre de recommandation de son amie, et dès qu'elle l'eût parcourue, on m'introduisit.

— Ma petite, me dit-elle, je ne puis renvoyer Rosalie tout de suite... J'ai besoin d'un prétexte, et vous savez que ces prétextes durent huit jours... Heureusement que je n'en manque pas... Cendrinette me dit que vous êtes sage et fidèle, c'est bien plus que je n'en demande ; je n'ai besoin que de discrétion. Vous aurez des yeux, et vous ne verrez point... vous aurez des oreilles, et vous n'entendrez point... vous aurez une bouche, et vous vous tairez... Maintenant, on est bien payé, bien nourri, on peut sortir... Je ne

vous empêcherai pas d'aimer qui vous voudrez...
et les profits ne manquent point dans la maison...
Cela vous convient-il ?

— Parfaitement, madame.

— Maintenant, reprit-elle, c'est une affaire entendue... ce soir Rosalie recevra son congé... elle vide mes armoires de linge... Cendrinette, en me parlant de vous, me dit qu'elle ne vous renvoie pas, mais qu'elle est forcée de partir... J'étais à la représentation de l'Ambigu, j'ai entendu un bravo impertinent, la petite sotte s'est évanouie, et je n'en sais point davantage...

— Ni moi non plus, madame.

— Mais enfin, elle est rentrée chez elle en sortant du théâtre ?

— Je le pense, madame.

— Vous l'avez soignée, déshabillée...

— Si madame est rentrée, j'aurai fait mon service ordinaire.

— Mais vous le savez bien si elle est rentrée !

— J'affirme à madame...

— Cendrinette a quitté Paris ?

— Cela est probable.

— Avec qui ?

— Je l'ignore.

— Le comte de X... n'était pas là ?

— Je ne me souviens pas.

— Ah ça! vous faites une mauvaise plaisanterie...

— Je demande pardon à madame.

— Vous ne vous rappelez rien de ce qui s'est passé hier, depuis le moment où Cendrinette s'est évanouie sur la scène jusqu'à l'heure où elle est montée en voiture ?

— Absolument rien, madame.

— Mais alors, ma petite, vous êtes stupide...

— Je ne le pense pas, madame !

— Ou impertinente.

— Que madame veuille se souvenir de ses propres paroles : une femme de chambre digne de ce nom a des yeux pour ne point voir, des oreilles pour ne point entendre, une bouche pour ne point parler.

— Par ma foi, tu es une fille d'esprit, s'écria madame Aurélia.

— C'était l'opinion de ma maîtresse.

— Une chose m'étonne, alors.

— Laquelle, madame?

— C'est que tu te contentes de servir chez les autres, lorsque...

— Lorsque je pourrais faire autrement...

— Sans doute.

— C'est plus amusant, madame.

— Cendrinette avait raison de le dire : elle m'a fait un véritable cadeau.

— Je tâcherai de justifier la bonne opinion de madame.

— Ah ! que vas-tu faire de tes huit jours ?

— Une bonne action !

— Si longue que cela ?

— Tout autant, madame.

— Une bonne action qui a des moustaches, n'est-ce pas ?

— Oui, madame ; car je ne sais pas mentir pour les choses qui me regardent, et je ne me reconnais le droit de le faire que pour sauvegarder les secrets des autres... Un jeune homme qui a voulu se tuer, qui est à la mort, dont la mère arrive demain, et qui aura besoin pendant huit jours d'une servante sans gages, attendu qu'il est pauvre... Vous voyez bien que je ne perdrai pas mon temps.

Et que peut-on faire pour lui, maintenant ?

— Rien que ce que je ferai, madame : il est fier.

— Ah ça ! mais tu m'intéresses tout de suite, mon enfant ! Que fait-il ton beau jeune homme ? car il est beau ?

— Très-beau ; il est étudiant en droit. Dans quelques mois il passera sa thèse... Alors je demanderai à madame sa protection pour lui.

— Va, ma fille ; et dans huit jours, à la même heure, je t'attendrai.

Le paquet de loques qui s'intitulait garde-malade soufflait le feu quand je rentrai chez M. Fulgence.

Je payai la vieille femme, qui semblait fatiguer le jeune homme par sa présence, et, quand elle fut partie, je dis à l'étudiant :

— J'ai huit grands jours pour vous soigner.

— Et tu me les donnes ?

— Sans doute.

— Excellente créature !

— Moi ! ne vous y fiez pas, allez ; j'ai un cœur de rocher.

Et, pour le distraire, je lui contai l'histoire des amours de Pinson, qui, pour m'obéir, devait sans doute à cette heure biner ma vigne mieux que la sienne et faire de la maison paternelle la plus jolie de Thomery.

Fulgence ne s'ennuyait pas ; il se trouvait mieux ; j'exigeai cependant qu'il gardât le lit.

Le lendemain, à six heures du matin, je m'étais un peu assoupie sur une chaise, quand je fus brusquement réveillée par un bruit de voix sur le carré.

— A cette heure-ci! est-ce une heure pour faire des visites ? disait le concierge.

— Est-ce qu'il y a des heures pour une mère? répondit une voix de femme.

La porte de M. Hippolyte s'ouvrit. J'entendis que l'étudiant échangeait quelques mots avec la dame ; je courus ouvrir.

Une femme se précipita dans les bras du malade.

C'était madame Hériot.

Je me retirai dans l'angle de la mansarde, respectant leur émotion, leurs larmes, l'échange de leurs âmes qu'ils faisaient ainsi.

— Mais qu'as-tu donc, malheureux enfant? demanda la mère.

— J'ai le mal de la vie, répondit Fulgence, et j'ai manqué en mourir.

— Et maintenant?

— Maintenant je vivrai... Tiens, remercie cette bonne fille, qui m'a sauvé, soigné, guéri, et qui ne voudra d'autre prix de ses services que ta reconnaissance,

Madame Hériot m'embrassa.

Elle retint une chambre dans l'hôtel, et je continuai à servir M. Fulgence de concert avec elle.

Le malade revenait rapidement à la santé. Il ne lui manquait que la possibilité de faire de l'exercice et un air meilleur que celui de cette affreuse rue de Buci, sans lumière et sans gaieté.

Alors j'eus une idée.

Je pris madame Hériot à part, et, lui remettant une lettre pour Pinson, je la priai de vouloir bien emmener à Thomery, pour quelques jours, M. Fulgence, que l'air des bois ne pouvait manquer de ranimer. Il y avait du danger peut-être à le conduire dans les lieux où il avait vu Cendrinette pour la première fois, mais aussi l'on pouvait répondre de sa guérison, s'il résistait à cette épreuve. Sans tout raconter à madame Hériot, je lui en dis assez pour lui faire comprendre qu'un amour malheureux était la seule cause du désespoir de son fils. La pauvre et sainte honnête femme levait les yeux au ciel et pleurait, ne pouvant se mettre dans l'esprit qu'on sacrifiât tout pour une créature à qui l'on n'était pas légitimement marié, et qui serait ou était la mère de vos enfants.

Elle ignorait complétement ce que sont les passions; sa tendresse maternelle lui venait seule en aide pour éclairer un peu les mystères du cœur et l'empêcher de froisser les sentiments de Fulgence, en mettant trop brutalement la main sur la plaie qui le faisait souffrir.

Il fut décidé que le malade partirait pour Thomery le jour où moi-même j'entrerais chez madame Aurélia.

— Et en revenant de Thomery, que fera-t-il? demandait la pauvre mère.

— Il travaillera, passera sa thèse, sera reçu

docteur en droit, et prendra sa place dans le monde, comme les autres.

— Si je l'emmenais à Soissons ?...

— Je ne vous y engage pas, madame... Le coup reçu par M. Fulgence lui donne de l'expérience et le vieillit par le cœur ; c'est un enfant terrible qui a jeté sa gourme : il peut maintenant marcher tout seul. En province qu'en ferez-vous ? Il est sûr de parvenir à Paris... Je ne souhaite pas qu'il aille vous retrouver à Soissons ; je désire que vous veniez le rejoindre ici, avec ses sœurs, qui doivent être bonnes comme vous et belles comme lui ; car c'est un charmant garçon que M. Fulgence.

— N'est-ce pas ? répondit madame Hériot.

— Tout le monde le pense, même moi, qui ne suis qu'une femme de chambre... Mon congé est fini, madame ; demain j'entre dans ma nouvelle place... Voici ma lettre pour Pinson : je ne m'inquiète même pas de savoir s'il est à Thomery... Pinson n'est pas un homme, c'est un épagneul.

Madame Hériot m'embrassa, et aussi M. Fulgence, et par la même occasion M. Hippolyte.

Jamais je n'avais été autant embrassée. J'avoue que, loin de m'effaroucher, cela me causa une vive joie d'être serrée avec tant d'effusion sur des cœurs honnêtes.

— Nous nous reverrons! me dit madame Hériot.

Je lui remis mon adresse.

— Il n'y a que moi qui ne vous retrouverai pas, me dit M. Hippolyte.

— Mais si, lui dis-je, quand vous aurez besoin de moi!

J'avais encore les yeux humides quand je retournai chez madame Aurélia.

VII

Ma nouvelle maîtresse paraissait vivement préoccupée.

Elle fut enchantée de me voir, se plaignit du service de Rosalie, de ses indiscrétions et de ses menées, et, comme premier témoignage de confiance, elle me chargea d'aller mettre ses diamants au mont-de-piété.

Elle en reçut une assez forte somme que la lingère attendait avec impatience.

Il me devint impossible, pendant les premiers jours, de comprendre d'une manière complète la conduite de madame Aurélia.

Sa vie comme son appartement avait une quantité de petites portes masquées.

Outre l'antichambre, où l'on faisait attendre les fournisseurs, il y avait au milieu de l'appartement une pièce carrée, entièrement tendue et dont les portes étaient merveilleusement dissimulées.

Quand on sonnait, si c'était un homme distingué, on le faisait passer dans le salon vert, où je ne tardais pas à paraître ; alors on demandait à voir madame.

Je répondais suivant ses ordres souvent, mais souvent aussi selon mon inspiration particulière ; car je n'avais pas toujours le loisir de la consulter.

Seulement, si une autre visite survenait, j'ouvrais rapidement une des portes donnant sur le petit salon, et l'amoureux pénétrait soit dans le boudoir de madame, soit dans sa chambre, ou bien encore dans sa salle de bain.

Je me faisais beaucoup prier pour introduire, et, en fille dévouée, je parlais de l'honorabilité du caractère de ma maîtresse.

J'appris bientôt que tout le mobilier appartenait à un tapissier juif, qui le louait un prix fou et exigeait la location à l'avance.

Rien de ce qui entourait madame ne lui appartenait.

Rideaux, boule, bois doré, bronzes d'art, tableaux de maîtres ! un mobilier de cinq cent mille francs ! Sa salle de bain était la première merveille galante de Paris.

Elle était garnie de marbre aux parois ; mais ce marbre, on le voyait à peine, caché qu'il était par des glaces de Venise aux cadres merveilleux. Des fleurs couraient partout. A terre, sur les carreaux de marbre, étaient jetées des fourrures de tigres noirs, d'ours blancs, de panthères mouchetées.

La baignoire était une œuvre d'orfévrerie d'un prix fou.

Elle était en argent, doublée de vermeil ; deux amours en or formaient les robinets, deux cygnes d'argent laissaient tomber les eaux de senteur.

Madame recevait les hommes comme il faut dans son salon, les gens titrés dans son boudoir, les banquiers et les agents de change dans sa chambre à coucher, les princes étrangers dans sa salle de bain.

Madame Aurélia se montrait prodigue par genre ; au fond, je crois qu'elle était intéressée.

Quand une de ses amies commettait une excentricité, elle la dépassait tout de suite.

Quelquefois je m'apercevais qu'elle en enrageait.

Elle eût désiré avoir des rentes, un hôtel.

Malheureusement pour elle, bien qu'elle gagnât beaucoup d'argent, elle ne pouvait faire d'économies.

Son luxe était son premier moyen d'exploitation.

On ne pouvait faire moins que de payer fort cher une femme qui vous recevait dans un palais.

C'est ce qui explique comment ces dames se ménagent rarement des ressources pour l'avenir.

En diminuant le nombre de leurs domestiques, de leurs chevaux, en amoindrissant leur luxe effréné, elles baissent immédiatement et forcément leur tarif.

Madame Aurélia en était réduite en ce moment à battre monnaie.

Elle se trouvait en retard pour son loyer, avait signé des billets, et, vingt fois par jour, on apportait des mémoires ou du papier timbré.

Elle jetait des à-compte dans le gouffre ; on patientait quelques jours, puis on revenait, et ma maîtresse me chargeait alors soit de vendre un cachemire, ou d'aller chercher une marchande à la toilette pour lui céder ses dentelles.

La situation était tendue.

Dans l'antichambre on se plaignait.

Madame Aurélia aurait bien voulu renvoyer le valet de chambre et la cuisinière, qui devenaient d'une insolence insupportable ; mais elle leur devait de l'argent et se trouvait, par cela même, obligée de les ménager.

Je ne recevais point de gages. Je comprenais bien que madame appréciait mon dévouement, et je connaissais assez les hausses et les baisses de ces existences pour m'inquiéter beaucoup.

Ce qu'il eût fallu à madame, c'était un homme qui l'aimât.

Elle était recherchée, mais on ne s'attachait point à elle.

Ses amants étaient de passage, comme certains oiseaux.

Elle me dit un jour qu'elle croyait avoir trouvé une combinaison, renouvela ses billets à des conditions ruineuses, et respira pendant quinze jours.

La combinaison était un marchand russe qui fit des folies pour elle et prit le chemin de fer pour aller retrouver sa femme et ses roubles.

Alors, madame devint sérieusement triste.

Elle n'avait plus que trois jours devant elle.

Elle attendit, chercha, ne trouva rien, et pleura de rage!

Ce ne serait rien encore pour ces dames de redevenir subitement pauvres, après avoir joui d'un luxe insolent, si elles étaient seules à connaître leur misère et si leur indigence sans dignité n'avait pour témoins les compagnes de leurs folles parties de plaisir.

Pour une courtisane, cesser d'avoir sa voiture et un mobilier somptueux est un coup de massue qui la terrifie.

Que devenir? que faire?

A Paris, les hommes ramassent rarement une

femme sur le trottoir pour la mettre dans un hôtel.

Le plus souvent, ils entretiennent un luxe tout fait.

La mise de fonds est trop coûteuse quand il s'agit de pourvoir aux premiers frais.

Madame avait vendu sa toilette ; elle partagea son argent entre les domestiques qu'elle ne pouvait garder.

Je refusai ce qu'elle me devait.

J'avais pitié d'elle ; jamais elle ne s'était montrée dure pour moi.

La mauvaise fortune ne pouvait durer : cette fine chatte blanche devait toujours retomber sur ses pieds.

J'étais habituée à elle ; elle à moi.

Je lui répondis donc :

— Que madame renvoie tout le monde, soit ; mais moi !

— Mais je ne puis pas te payer plus que les autres.

— Je n'ai jamais rien demandé à madame.

— Et c'est justement parce que tu es plus délicate que tes camarades que je ne veux pas que tu sois dupe.

— Dupe de quoi?

— De ton dévouement.

— Madame a donc peur de devenir laide?

— Est-ce que les hommes verront que je suis jolie, maintenant?

— Je crois encore aux gens d'esprit.

— Et tu t'obstines à ne pas me quitter?

— Sans doute.

— Tu resteras tout le temps que durera ma mauvaise fortune?

— Je ne m'engage pas pour beaucoup.

— Ah! mon Dieu! mon Dieu! plus de chevaux, plus de meubles, et où aller?

— Madame prendra un appartement modeste.

— Tu as raison; mais c'est bien triste.

— On ne sait pas... Je l'arrangerai moi-même : de l'acajou et de la mousseline; et madame sera la plus vertueuse fille de Paris.

Elle se mit à rire.

— Tu devrais t'appeler Martine ou Lisette.

— J'ai le physique de l'emploi, comme disait madame Cendrinette.

— Et l'esprit du physique.

— Alors, madame me permet d'agir ?

— J'approuve tout.

Je découvris, rue Blanche, un appartement de trois pièces exiguës.

J'achetai un ménage de grisette, et, le soir, je conduisis madame Aurélia dans le nid improvisé.

Quand elle le vit, elle tomba assise sur une chaise et se mit à pleurer.

— Madame n'est pas contente ? lui demandai-je.

Elle m'embrassa.

Je mis tous mes soins à la consoler, à lui rendre l'espoir, à l'accoutumer à son logis.

Elle sembla s'y faire.

Le lendemain, je m'occupai de sa toilette.

Elle gardait encore assez de crédit pour en trouver autant qu'il lui était nécessaire.

Pendant les premiers jours, nous vécûmes assez mal.

Enfin madame retrouva une ancienne amie, qui lui prêta un billet de mille francs.

Le printemps revenait.

Nous sortions le soir.

Madame avait l'air d'une honnête bourgeoise.

Quand son grand chagrin fut passé, elle comprit qu'il fallait, pour reconquérir sa position perdue, enlever la situation du bout du pied.

A partir du moment où le courage lui revint, elle se rendit à la Closerie, à Mabille, au Château des Fleurs.

Elle ne rentrait jamais chez elle accompagnée de personne.

Dans la maison on avait beaucoup de considération pour elle.

Madame déjeunait seulement assez souvent en ville.

Elle ne me confiait rien de sa situation, et j'en concluais qu'elle était assez précaire.

Elle s'affligeait souvent à cause de moi, et je la consolais.

Lorsqu'elle me donnait quelques heures de congé, je courais chez madame Hériot, qui s'était fixée à Paris auprès de son fils.

L'excellente femme demeurait rue de Seine. Elle savait que je servais des *petites dames*, mais elle ne paraissait point y songer ; le dévouement que j'avais eu pour son fils me donnait l'absolution.

Vraiment, cela me reposait le cœur d'entrer dans cette digne maison et de passer quelque temps avec madame Hériot.

Je lui aidais à ranger son ménage ; je donnais à ses filles un conseil pour leur toilette ; je rangeais le linge de M. Fulgence et j'y mettais des sachets de senteur.

L'étudiant était devenu avocat.

Il travaillait assidûment, gagnait peu ; mais sa mère économisait comme une fourmi, et ses sœurs faisaient de la broderie pour les magasins.

Pendant que madame Aurélia avait reçu ses riches amies, j'avais procuré aux jeunes filles des travaux lucratifs ; mais pour rien au monde je n'aurais voulu leur donner les adresses de ces dames, et la situation de ma maîtresse ne me permettait plus de me rendre chez elles, même pour accomplir une bonne action.

8

Ces demoiselles riaient de Pinson, mon amoureux, dont leur frère leur avait fait un portrait impayable.

Puis, M. Léopold Hubert, devenu l'ami de cet intérieur sage et tranquille, avait crayonné le pauvre garçon de mémoire.

Je n'avais pas à me plaindre de lui, bien au contraire.

Il soignait la vigne et le jardin, vivait sans plus de dépense qu'un moineau et plaçait l'argent produit par *mon bien* chez le notaire de Thomery.

Il était, du reste, parfaitement convaincu que je retournerais au village.

La mort de mon père m'avait donné un fond de chagrin; j'avais pris de l'ambition; mais un jour viendrait où je m'apercevrais que lui seul m'aimait sincèrement dans le monde, et alors, je rentrerais dans ma petite maison et il me mènerait à l'église.

M. Fulgence ne me demandait jamais si j'avais eu des nouvelles de mademoiselle Cendrinette.

La vérité est que j'ignorais complétement ce qu'elle était devenue.

Selon ma promesse, je lui avais écrit à Ville-d'Avray, pour lui donner des nouvelles de M. Fulgence. Sa mère venait d'arriver ; je ne devais entrer que dans huit jours chez madame Aurélia ; je lui disais d'être bien tranquille, que le médecin répondait de le sauver.

Elle se tint sans doute pour rassurée, car rien ne m'arriva de ce côté.

Je reconnus un jour le comte de X... Il était bien vieilli et bien cassé : c'était de bonheur, sans doute !

Je ne pouvais rien en ce moment pour M. Fulgence, malgré mon vif désir de lui être utile. Madame Aurélia ne recevant plus personne, je ne connaissais ni gens riches ayant de gros procès, ni gens ruinés ayant des affaires litigieuses.

Il ne se plaignait jamais, donnait tout ce qu'il gagnait à sa mère, ne sortait qu'en famille, et, s'il paraissait triste, il ne me sembla pas malheureux.

C'est de l'adoration que sa mère avait pour lui.

Pauvre Fulgence !

N'était-ce pas dommage, si jeune, si beau, n'aimer personne ?

Je voyais autour de moi se renouveler si souvent ce que l'on appelle *amour* dans un certain monde, que je m'étonnais et que je souffrais de l'idée qu'il n'aimerait plus, parce que mademoiselle Cendrinette l'avait trompé en se faisant passer pour une honnête fille !

Il aurait rendu une femme si heureuse !

Quand je parlais de cela avec madame Hériot, elle me disait :

— Patientons ! le temps est un grand maître. Mon fils n'aimera plus jamais comme un fou, mais bien comme un homme... Il ne prendra plus une maîtresse, je lui choisirai une femme...

Quel contraste quand je rentrais chez madame Aurélia !

Il fallait mettre toute la journée de l'ordre dans son ménage, car elle brouillait et dérangeait tout.

Et non-seulement dans le ménage, mais dans la toilette.

Elle se trouvait bien réduite, hélas !

En voici l'inventaire :

3 chemises de batiste, garnies de Valenciennes, d'une valeur de 100 fr. la pièce.

6 jupons de percale, dont 2 brodés.

1 robe de taffetas noir.

1 mantelet de Cambrai.

1 chapeau de fantaisie.

A toute minute il fallait faire une reprise ici, un point là.

Madame n'enlevait pas sa robe, elle l'arrachait.

Les colères sourdes qu'elle ressentait la rendaient souvent d'une détestable humeur.

Je supportais tout avec philosophie.

Enfin, un jour, il me sembla qu'elle prenait une résolution violente.

— J'en ai assez de la Closerie! et de Mabille! et du diable à quatre! Quand je danserais dans un jardin pendant dix ans, ça ne m'avancerait pas à grand'chose, ma pauvre Annette. Il n'y a que le théâtre, vois-tu, pour poser une femme... On monte une pièce aux Délassements... On recrute partout des jolies filles... La pièce, comme toujours, ne signifie rien... Il s'agit d'une exhibition d'épaules et de mollets... J'ai la plus jolie jambe de Paris... Il faut que je joue, ou plutôt que je paraisse, que je marche dans la pièce... Je ne

tiens pas à dire un mot, pourvu que je danse...
Je suis une sirène sans voix, c'est convenu... Je
vais trouver l'auteur et le directeur : je ne demande pas d'appointements... si l'on me fournit
les costumes, c'est tout ce que je désire... et
encore! tu es si adroite, et le tulle est si peu
cher... Bon courage, Annette! c'est une dernière bataille ; si j'échoue!... par ma foi, je ne
sais pas ce que je ferai, mais la vie deviendra
bien bêtement ennuyeuse!... Aide-moi à m'habiller... une toilette savante sans en avoir l'air...
Il faut que je plaise à l'auteur et que le directeur
soit séduit!... Je les connais, va! donnant donnant... Vous voulez un rôle? donnez un baiser!
Les gandins payeront !

— Madame est plus jolie que jamais, dis-je
quand elle fut prête à sortir.

— Que je le sois seulement autant qu'autrefois, cela suffit.

Il paraît que madame ne trouva pas les personnes qu'elle cherchait, car elle ne rentra qu'à
minuit.

Je dormais paisiblement dans un fauteuil.

J'allai lui ouvrir en me frottant les yeux.

— Eh bien, madame ? lui demandai-je.
— C'est fait.
— Madame est engagée ?
— Oui.
— Madame a un joli rôle ?
— Je danse un couplet.
— Et les costumes ?...
— On ne les fournit pas !
— Quel dommage !
— Ah ! c'est bien cher, Annette !
— Quoi, madame, les costumes ?
— Non, les rôles.
— Et moi qui croyais que les directeurs payaient si cher les artistes.
— Les artistes, oui.
— Eh bien ! est-ce que vous ne devenez pas artiste ?
— Moi ! mais non, petite sotte ! Cela ne s'improvise pas comme cela ; il faut étudier et travailler pour être artiste... Nous autres, au lieu d'être payées, nous payons... parce que c'est notre profit qu'on nous voie.
— Madame ne restera donc pas au théâtre ?
— Le moins possible.

— Cela ne fait rien, me voilà contente. Quand joue-t-on la pièce ?

— Dans un mois.

— Quel rôle joue madame ?

— Un rôle de *brouillard*.

— Comment, de brouillard ?...

— Oui, tu sais bien... il paraît que le matin, à la campagne, quand le soleil se lève... que la rosée tombe des feuilles... que les oisillons mettent la tête hors du nid... il traîne encore sur les rivières et les fleurs de grandes draperies de brouillard, pareilles à des nuages transparents... Nous serons trente *brouillards*... Le grand mérite sera d'être le plus léger possible...

— Je commence à comprendre, madame.

— Te souviens-tu du costume de Cendrinette dans son rôle à évanouissement ?

— Une sauvagesse du pays des Iroquois, venue là on ne sait pas comment...

— Cela regardait l'auteur.

— Eh bien, madame avait un maillot de soie rose.

— Le maillot est de rigueur, maintenant ! il faut le composer... Seulement, on ne dit pas en quoi il sera... Tu pourrais me faire un maillot de crêpe rose pâle.

— Ceci est une idée.

— Par-dessus, des flots de tulle blanc, et une longue draperie traînant derrière moi.

— Madame sera ravissante.

— Et maintenant, je m'en remets au diable pour la composition de la salle.

— Je proposerais deux choses à madame.

— Voyons.

— La première, d'aller mettre un cierge à Notre-Dame des Victoires.

— Et puis?...

— La seconde, de se faire tirer les cartes.

— Tu as, ma foi, raison !

— Maintenant, que madame se couche et dorme bien ; sa destinée va changer.

— Et la tienne aussi, ma pauvre Annette.

— Mais je ne me trouve pas malheureuse ! Bonsoir, madame.

— Bonsoir, Annette.

Et ma maîtresse se prit à faire de beaux rêves sur le succès de son rôle de *brouillard*... puis sans doute tout se brouilla dans sa cervelle, et elle reposa comme je faisais à Thomery.

A dix heures, le lendemain, elle n'était pas éveillée.

Quand j'entrai dans sa chambre pour ouvrir les volets, elle me dit :

— Annette, nous sortons ce matin pour porter le cierge à l'église, et puis, j'irai chez une cartomancienne : tu m'accompagneras.

Un scrupule prit madame en chemin : elle ne savait pas un mot de prière et se demandait ce qu'elle dirait à la Vierge en allumant son cierge.

Je lui objectai qu'il me paraissait bon d'user toujours de franchise. M. le comte X... qui avait beaucoup voyagé, assurait un jour devant moi à mademoiselle Cendrinette, qu'en Espagne et en Italie, la Madone entend tous les jours des vœux semblables à ceux que madame Aurélia voulait lui adresser, et qu'il est rare que les jolies filles ne soient point exaucées.

— Nous revînmes par la rue Olivier pour consulter madame Bertrand.

Son petit chien se jeta dans nos jambes ; elle nous ouvrit en souriant la porte de son rez-de-chaussée, nous installa, madame auprès de la table, sur laquelle se trouvaient des paquets de tarots, et moi sur le canapé.

Elle fit couper de la main gauche, selon l'usage, et sa consultation se réduisit à ceci :

— Jeune homme brun... venant de faire une grande route... riche comme la liste civile d'un roi... et qui allait devenir amoureux de ma maîtresse comme un fou !

Madame Aurélia donna cinq francs et revint rue Blanche dans une telle joie, qu'elle se mit à répéter devant l'armoire à glace le pas hasardeux qu'elle devait lancer dans son rôle.

VIII

Madame suivit très-régulièrement les répétitions au théâtre et chez l'auteur, joli garçon blond, frisé, pommadé, habillé comme une gravure de modes, et dont la spécialité était de faire des *pièces à femmes.*

J'ai tant de fois entendu discuter ces questions-là, que j'en sais là-dessus tout autant que ces messieurs de la critique, car j'accompagnais madame au théâtre, et je faisais mon profit de tout.

Il arrivait souvent qu'une actrice disait à l'auteur :

— Monsieur, qu'avez-vous désiré dire par cette phrase-là?

— Cela ne me regarde pas, mademoiselle, vous avez le rôle, tâchez de le comprendre : j'écris, traduisez.

— Mais, monsieur, je ne saisis pas le sens...

— C'est un malheur, mademoiselle.

— Et je dirai cela ou avec des intonations fausses ou je le réciterai bêtement.

— Comment, bêtement! mais cela ne ferait pas du tout mon affaire.

— Ni la mienne non plus.

— Voyons le passage, mademoiselle...

— Voici... Eh bien?

— J'avoue que je ne me souviens pas de ce que j'ai voulu dire.

— Alors changez, monsieur.

— Cela ne se peut plus, mais je vais vous donner un moyen de tout concilier : raccourcissez votre jupe pour cet acte-là... Une autre fois, pour aider à l'interprétation d'une phrase, il indiquait une pirouette ou un geste drôle... et ce que j'ai pu constater de plus extraordinaire, c'est qu'à la représentation, le public, qui ne comprenait pas plus la phrase que l'actrice et que l'auteur lui-même, applaudissait de confiance à se déchirer les gants!

Je ne suis qu'une femme de chambre, mais je trouve que l'on ne se gêne plus assez pour écrire. Des bambins qui sortent du collége, des candidats refusés, des jeunes gens sans le sou, tout cela se vante d'entrer dans le roman, dans le drame, et ce qu'il y a de plus singulier, c'est qu'on les imprime et qu'on les joue!

L'époque de la première représentation arriva enfin.

D'après l'ordre de madame, je n'achetai que du crêpe rose et du tulle. Le costume coûtait douze francs.

Seulement, quand madame Aurélia le mit, je reculai tout effrayée.

— Qu'as-tu donc? me demanda-t-elle.

— Madame, votre brouillard est trop léger.

— Tu crois...

— J'en suis sûre.

— Tu as peut-être raison... J'ajouterai une draperie que j'oublierai dans la coulisse en entrant en scène.

Jamais madame Aurélia n'avait été si séduisante.

La salle était pleine, et les avant-scènes bien habitées.

Tout marcha merveilleusement.

La scène des *brouillards* fut bissée avec enthousiasme.

A la fin de la représentation, une ouvreuse remit à madame, avec un magnifique bouquet, un billet écrit au crayon.

Elle y jeta les yeux, le lut, puis regardant l'ouvreuse en face, elle le déchira devant elle.

— Voilà ma réponse! dit-elle avec un air de reine de tragédie.

Madame, qui, faute d'argent, revenait à pied du théâtre, ôta vite son léger costume, s'enveloppa de vêtements chauds, et sortit avec moi.

Elle marchait lestement et sans se détourner.

Du reste, il faisait très-froid.

— Annette, me dit-elle, tu vas regarder dans un moment si nous sommes suivies.

— Oui, madame.

Deux minutes après, je tournai la tête.

— Non, madame.

— Bon! il sera encore demain au théâtre...

— Qui cela?

— L'étranger que madame Bertrand m'avait promis.

— Le jeune homme au billet?

— Il a bien de l'esprit, va!

— Qu'y avait-il donc dans la lettre?

— Curieuse!...

— C'est mon état.

— Trois phrases bien simples : — « J'ai trois millions de rente. — Les voulez-vous? — Je vous aime... » et pour signature : *Galowitz*.

— Madame a raison, ce monsieur a beaucoup d'esprit.

— Seulement, j'en ai autant que lui, et je le lui prouverai. Nous allons jouer un jeu serré, ma petite Annette; la comédie ne sera plus pour nous sur les planches, mais dans l'avant-scène. Il s'agit de plumer un beau pigeon blanc et naïf comme les colombes de Vénus, et de rattraper le temps perdu et les billets de banque égarés. Je suis une femme d'une vertu inattaquable, et toi une camériste incorruptible... Son billet promet, seulement il reste trop dans le vague... Il y a tant d'hommes qui vous promettent toutes les étoiles du ciel et qui finissent par vous donner des cailloux du Rhin!... Je connais ces banques-là! Je grignoterai volontiers du pain bis pendant un mois, deux s'il le faut, mais il mettra le prix à sa toquade! Je compte sur toi autant que sur moi-même.

Le lendemain, madame Aurélia reçut un second bouquet, qu'elle n'accepta pas, et un billet, qu'elle déchira comme le premier.

J'avais eu une stalle aux secondes galeries, et je me trouvais placée de façon à voir parfaitement l'amoureux aux trois millions de rente.

C'était un garçon charmant, qui semblait avoir vingt ans au plus. Je ne pris que le temps de l'étudier. Il était plus beau qu'aucun des hommes que j'avais vus chez madame, et me sembla fait de telle sorte qu'on pouvait bien l'aimer pour lui-même.

Je dus quitter ma place au moment de l'entr'acte; madame Aurélia avait besoin de moi pour l'habiller.

Je lui fis part de mon opinion.

Elle parut doublement enchantée, quitta en fredonnant son imperceptible costume et me garda plus d'une heure à causer près de son lit.

Je prenais un vif intérêt à cette petite comédie.

Le lendemain, ce n'est pas madame Aurélia qui reçut un billet, mais moi. On offrait de faire ma fortune, si je voulais plaider la cause d'une passion sincère, subite, effrénée. Je crus qu'en soubrette dévouée, je devais en tout point imiter ma maîtresse, et je rendis la lettre, en me contentant de dire :

— Il n'y a pas de réponse !

Madame m'approuva beaucoup.

Je tremblais, moi, que le beau jeune homme se décourageât; mais elle ne partageait pas mes craintes.

Dans la journée, je remarquai qu'une voiture stationnait devant notre porte.

Elle n'était pas vide, et les stores en restaient baissés.

Comme je sortais pour aller chercher quelques provisions, la portière s'ouvrit et je reconnus M. Galowitz.

Il m'aborda timidement.

Et moi, prenant mon air le plus digne, je lui demandai ce qu'il y avait pour son service.

— Mademoiselle, me dit-il, vous êtes la femme de chambre de madame Aurélia, des Délassements-Comiques ?

— Oui, monsieur.

— Vous pourriez me sauver la vie, mademoiselle.

— Que faudrait-il faire, monsieur ?

— J'aime madame Aurélia comme un fou.

Je secouai la tête d'un air décourageant.

— Ah ! je sais quel accueil elle a fait à mes billets, à mes fleurs ; mais enfin, j'ai cru... et puis je l'aime ! C'est la meilleure excuse.

— Oui, monsieur, mais ce n'est pas une raison.

— Je voudrais la voir...

— Vous pouvez aller au théâtre.

— Lui parler...

— Madame ne reçoit personne...

Puis j'ajoutai :

— Pardon, monsieur, madame m'attend.

J'allais monter l'escalier, le jeune homme me retint par le bras.

— Es-tu riche ?

— Ah ! monsieur se moque de moi.

— Pourquoi ?

— Si j'étais riche, je ne servirais pas... Il est vrai que le service de madame Aurélia ne me rapporte rien... Mais elle est si bonne, si douce, si honnête...

— Veux-tu que je fasse ta fortune d'un seul coup ?

— Je suis comme ma maîtresse, monsieur, je ne suis pas intéressée.

Il se frappa le front d'un air désolé.

— Je ne suis qu'une pauvre fille, incapable de juger les actions des personnes comme monsieur ; mais il me semble qu'à sa place, si j'avais aimé madame, je n'aurais pas commencé par lui offrir...

— C'est la faute de mes amis... Il n'y a qu'une actrice vertueuse dans Paris, et je la trouve aux Délassements... Alors j'ai écrit un billet stupide, c'est possible, mais où il y avait tant de cœur et de vérité !

— C'est la question d'argent qui a tout gâté, monsieur.

— Aussi, je ne voudrais que demander pardon à ta maîtresse. Aide-moi, conseille-moi.

— Ah! moi, monsieur, je ne suis bonne qu'à une chose, à mettre les amoureux à la porte... Madame n'a pas de fortune, mais elle est la plus jolie femme de Paris... Vous savez, être au théâtre, c'est une position... on se marie...

— Mais qu'elle me pardonne, seulement, qu'elle me pardonne!

— Vous vous repentez donc bien?

— Oui, sincèrement.

— Eh bien, je le lui dirai... Quittez-moi, il faut que je lui monte son dîner... Heureusement qu'il ne peut pas froidir... Et je montrai en riant une flûte et du fromage.

— Un ange! j'ai méconnu un ange! s'écria-t-il.

Ce qu'il y avait de très-vrai dans tout cela, c'est que madame Aurélia vivait réellement fort mal et que M. Galowitz était de plus en plus amoureux.

Mes dents de dix-huit ans, quelque solides qu'elles fussent, ne se seraient guère accommodées du régime de madame. Je n'osais pas lui offrir de lui prêter de l'argent, je savais qu'elle m'aurait refusée; mais je profitais d'un prétexte pour trouver le moyen de sortir et d'aller dans un petit restaurant à trente-deux sous où se rendent des *petites dames* sans emploi, que leur mise en disponibilité force à l'économie. En ai-je vu dans ce restaurant ! Alice la Provençale, la Néva, Maria ! portant leur unique robe de taffetas noir, et se voyant souvent forcées de dîner à l'œil.

Nos affaires marchaient bien.

Madame avait fait faire sa photographie en *brouillard*. Mais elle n'avait pas voulu qu'on la mît dans le commerce.

M. Galowitz m'en paya un exemplaire mille francs.

Je tendis le billet de banque à madame, trouvant qu'il lui appartenait plus qu'à moi.

Elle me répondit :

— Je te l'emprunte pour une heure.

Elle sortit.

Le lendemain elle m'envoya chez le photographe.

Je crus qu'il s'agissait de nouveaux portraits.

Mais quand madame Aurélia eut déchiré l'enveloppe, elle en tira une petite liasse de billets de banque.

Tant d'argent! lui dis-je.

— Tiens, me dit-elle, regarde bien...

Je ne vis aucune différence entre le billet que je lui avais confié et ceux qu'elle étalait devant moi... Mais elle, mettant les billets au jour m'en tendit un, en me disant :

— Voilà le bon, le tien... Les autres sont des reproductions photographiques.

— Ah! mon Dieu! m'écriai-je épouvantée de l'habileté des photographes.

— Eh bien, mes billets qui sont faux, et que je ne te chargerai pas de changer, crois-le bien, valent le tien dix mille fois.

Je crus madame sur parole, mais j'avoue que je ne la comprenais pas.

La gêne était dans le ménage.

Madame devait un terme; elle pâlissait un peu.

M. Galowitz nous suivait plus que jamais.

Il tenta de séduire les concierges et obtint, pour tous renseignements, que madame était la vertu même, qu'elle n'était point riche, mais que c'était le plus grand éloge qu'on en pût faire.

Enfin, pressée par le beau et amoureux jeune homme, je l'introduisis chez madame Aurélia.

Elle le reçut non pas avec colère, mais avec tristesse.

Il lui témoignait le respect le plus profond, et lui demanda la permission de revenir.

Quand il l'eut obtenue, il en profita tous les jours.

Notre pénurie montrait partout le bout de l'oreille. Il entra un jour pendant que madame déjeunait d'un verre d'eau et d'un morceau de pain sec vieux de trois jours.

Alors il se jeta à ses pieds, lui parla en pleurant presque, lui dit qu'elle ne l'aimait pas et manquait de confiance en lui...

— Je ne vous aime pas! répondit madame.

Elle cacha son front dans ses mains, prit un petit mouchoir de batiste dans sa poche, et se cacha le visage en pleurant.

Je l'entendis sangloter, je courus à elle.

Mais madame m'éloigna doucement.

M. Galowitz se jeta à ses genoux, lui dit quel

regret amer il éprouvait en la voyant dans une condition si indigne d'elle... Il se prit à haïr sa fortune, puisqu'elle s'obstinait à refuser de la partager; puis enfin, tirant brusquement un portefeuille de sa poche, il y prit des papiers, et les mit dans celle des mains de madame qui était restée ouverte sur ses genoux. Il ferma ses doigts sur les billets et les couvrit de baisers.

Alors madame bondit sur sa chaise, regarda ce qu'elle tenait, et, élevant ses deux mains au-dessus de sa tête, elle poussa un cri déchirant.

J'accourus, je la pris dans mes bras.

Je crus qu'elle allait avoir une attaque de nerfs... Je voulus ouvrir sa robe; je me penchai vers elle...

Sa main se glissa furtivement dans la poche de ma robe. Puis elle me dit :

— Laisse-moi, ma pauvre fille! laisse-moi! J'ai à m'expliquer avec monsieur, va!

Et, comme j'hésitais, elle me fit un signe que je compris et je me retirai dans un coin.

Elle tendait convulsivement un mouchoir dans ses doigts ainsi que les billets de banque.

Enfin, les prenant, elle les mit tranquillement au feu, et les regarda brûler.

Monsieur Galowitz était devenu horriblement pâle.

— Ah! lui dit-il, je suis un misérable! ange de candeur et de pureté, je vous méconnais et je vous offense toujours... ou plutôt non! je ne vous méconnais pas, je vous admire et je vous adore... Mais puis-je jouir d'un luxe insensé, et voir sans frémir de rage et de désespoir votre sainte misère?... Si j'étais libre, savez-vous ce que je vous aurais offert déjà?... Mon nom et mon titre... Mais, par tout ce que renferme de pitié un cœur de femme, par une tendresse dont vous ne doutez pas, et un repentir qui me laisse à vos pieds confus, humilié, la tête perdue et l'âme noyée, pardonnez-moi, Aurélia! dites que vous me pardonnez!

Je n'ai jamais vu qu'aux martyres représentées dans les églises l'expression avec laquelle madame regarda Galowitz.

Elle continua encore de soupirer, de se plaindre.

Pendant ce temps, le pauvre jeune homme

baisait le bas de sa robe et se répandait en de telles paroles de regret que sa douleur me faisait réellement souffrir.

A la fin, madame quitta sa pose de vierge au cœur percé des sept glaives et dit à l'amoureux désolé :

— Relevez-vous ; monsieur, si quelqu'un a tort ici, c'est moi, ou plutôt c'est la situation que le malheur m'a faite... Ne vous excusez pas tant de m'avoir outragée ! L'outrage ne doit-il pas à chaque heure, sous forme d'amour ou de service, retomber sur ma vie?... Je monte sur un théâtre, donc je sors de la fange et j'y dois rentrer... Ou si, par exception, je suis une honnête fille, laissée orpheline et pauvre, et qui n'a trouvé d'autre moyen que celui-là de manger du pain, je dois encore, dans un temps plus ou moins long, céder aux obsessions qui m'entourent, et, sinon aimer, du moins me livrer à qui me désire et me marchande ! Ah ! tenez, monsieur, vous êtes un bon gentilhomme, cependant, et vous n'avez pas l'âge où l'on se montre sceptique par orgueil, insolent par genre et cruel sans pitié... Vous venez de commettre une mauvaise action... Car enfin je comprends qu'on méprise hautement les femmes dont le luxe vient d'une source impure; mais moi! moi!... Regardez donc autour de vous, monsieur... Est-ce ici la chambre d'une courtisane? Sont-ce les parures et les festins d'une courtisane que l'on trouve dans cette pièce, si près d'être une mansarde?... Vous m'avez tourmentée, suivie, fatiguée des protestations de votre amour, et à quoi cet amour devait-il aboutir, mon Dieu?

— Ah! je vous jure, Aurélia..., s'écria Galowitz.

Madame reprit comme si elle ne l'avait pas entendu :

— Folle que j'étais... je m'y laissais prendre pourtant! Il me semblait doux, à moi, malheureuse fille isolée, d'entendre des paroles affectueuses et consolantes... Il me disait : « Je vous aime, » et ces mots me remuaient le cœur! Il mentait cependant; mais comme il mentait bien, mon Dieu!... Et quand, charmée, attendrie malgré moi, le cœur débordant de tristesse, gonflé à la fois de soupirs et de joie, j'allais laisser échapper mon secret et lui répondre aussi... Ah! j'avais raison de le dire tout à l'heure, j'étais folle et bien folle!

— Aurélia! répondit M. Galowitz, Aurélia, au nom de tout ce que vous avez de plus cher, achevez... augmentez, si vous le pouvez, mon repentir pour la faute commise; mais dites, dites, que m'auriez-vous répondu?

— Que je vous aimais, s'écria-t-elle en fondant en larmes.

— Ah! je suis un malheureux insensé! dit Galowitz.

— Relevez-vous, ajouta-t-elle, je vous pardonne...

— Entièrement?

— Entièrement.

— Et jamais dans vos paroles, dans votre accueil...

— Que voulez-vous dire?

— Vous ne me reparlerez jamais de cette heure désolée...

— Ne comprenez-vous point, monsieur Galowitz, que, si je vous pardonne, c'est que nous ne devons plus nous revoir?

— Ne plus vous revoir !

— Jamais.

— Et vous appelez cela pardonner ?

— Le pardon n'est pas l'oubli.

— Oubliez !

— Le pardon dépend de nous ; le temps seul donne l'oubli ; laissez le temps accomplir son œuvre.

— Mais je ne me résignerai jamais à ne plus vous voir, moi !

— Je le ferai bien, Galowitz.

— Ah ! vous n'aimez pas comme j'aime !

— Cela est vrai : l'être aimé serait pour moi sacré par l'amour même, et jamais je n'aurais pu devenir coupable envers lui

— Un reproche !

— Non...

— Aurélia !

— Adieu, Galowitz...

— Mais vous me tuez !

— Croyez-vous que je vais vivre ?

Le pauvre garçon épuisa tout ce que l'éloquence a de passion et de prestige. Il se tenait à ses pieds, lui baisant les mains, pleurant, demandant grâce. Une vraie tigresse aurait été émue de cette douleur. Voir ce beau jeune homme si malheureux me faisait une grande peine, et d'autant plus vive que j'avais déjà une idée qui me tourmentait le cœur...

Madame se leva.

— Soyez raisonnable, Galowitz, abrégeons des adieux qui nous font un mal extrême... Quittons-nous, moi, sans haine pour votre procédé, vous, gardant un bon souvenir de la pauvre fille de théâtre à qui vous rendrez un jour plus de justice... Je suis bien jeune... j'aurais pu aimer... car on dit que l'amour a des enivrements puissants... Vous m'avez préservée de ce danger pour l'avenir... Ce que je ressentais de bon, de doux, de pur, s'est subitement éteint et refoulé... Ce n'aura pas été ce soleil qui éblouit, mais une aube que le jour ne suivra pas... Aimer maintenant! ce serait plus qu'une faute, ce deviendrait un sacrilége...

Il baissa la tête comme un coupable.

— J'ai encore une autre prière à vous adresser, reprit-elle.

— Ordonnez, madame.

— Ne venez plus au théâtre...

— Vous ne me traitez même plus en indifférent, mais en ennemi...

— J'aurais peur de me souvenir trop..., dit-elle. Vos regards me troubleraient en me poursuivant... Et puis, si nous ne devons plus jamais nous rencontrer, ne vaut-il pas mieux que nous cherchions mutuellement les moyens de nous guérir... d'un rêve.

— J'obéirai, madame.

— Je vous en saurai gré.

— Avez-vous encore quelque chose à m'ordonner?

— Non! dit-elle en se couvrant les yeux de sa main.

— Alors, adieu!

Le pauvre jeune homme sortit. Je redoutais un malheur. Il me semblait qu'il y avait dans son âme autant de désespoir que j'en avais lu dans les yeux de Fulgence le jour où il applaudissait Cendrinette. J'allais faire part de mes craintes à madame, quand je la vis rentrer dans la chambre, car elle avait conduit Galowitz sur le palier, et était restée penchée sur la rampe, comme si ses yeux ne pouvaient s'en détacher.

— Et maintenant, me dit-elle en riant, fouille dans ta poche, ma fille.

J'avais complétement oublié le geste rapide de madame au moment où Galowitz l'avait si cruellement offensée.

J'en retirai un paquet de billets de banque. Elle les prit avec un geste de chatte.

— Ce sont les bons, ceux-là, me dit-elle; nous sommes riches, vingt mille francs!

— Mais, madame, qu'avez-vous donc brûlé?

— Pour cent sous de photographies, petite dinde!

IX

On devine que M. Galowitz continua de se rendre chaque soir au théâtre, en prenant soin de se dissimuler aux yeux de ma maîtresse, et que, ne pouvant voir madame, il ne manqua aucune occasion de me rencontrer.

Il me fallait alors lui donner des détails infinis sur madame, et confectionner chaque matin, de concert avec elle, un bulletin de santé dont les variations de thermomètre avaient pour but d'entretenir à perpétuité le trouble et l'amour dans le cœur du jeune Hongrois.

Un jour, je lui annonçais qu'elle avait passé

la veille dans les larmes; le lendemain, qu'elle semblait résignée.

Une autre fois, qu'elle avait écrit pendant plusieurs heures avec fièvre, avait mis sous enveloppe des feuillets tachés de larmes; puis, sur le point de tracer l'adresse, elle avait tout jeté au feu en murmurant : « A quoi bon? » Et qu'alors elle était restée plongée dans un accablement morne.

Enfin, elle avait refusé de manger, et, couchée sur son lit depuis l'heure de sa rentrée du théâtre jusqu'à celle de la représentation, elle n'avait pas répondu un seul mot à mes questions et ne s'était même pas détournée pour me regarder.

Galowitz m'écoutait avec désespoir.

Si je lui apprenais qu'elle paraissait calme, il renaissait à l'espérance.

En la voyant chaque soir souriante, vaporeuse, dans son rôle de *brouillard*, il avait peine à se persuader qu'il l'avait vue exaltée par l'indignation, attendrie par les larmes, et que chaque jour encore, quand elle se trouvait loin de lui, elle retombait dans l'atonie ou s'éveillait dans le désespoir.

Jamais vie moins accidentée n'avait été traversée de tant d'orages.

Ce garçon du Nord, pâle et beau, ressentait toutes les tourmentes que l'on dit bouleverser les Antilles.

Il avait pour moi une reconnaissance presque aussi passionnée que son amour pour ma maîtresse. Il m'eût été bien facile d'en tirer parti, et de me faire tout de suite une fortune suffisante. Mais madame m'avait appris que *la prudence est la mère de la propriété*, et qu'il vaut mieux attendre un hôtel que d'accepter une maison...

Il faut être juste aussi, elle m'avait fait une jolie part dans les bénéfices de la photographie, et j'avais pu mettre deux nouvelles obligations du Crédit mobilier au fond d'un petit coffre-fort.

Il y a eu un malheur dans ma vie.

J'ai fait mon métier de femme de chambre en conscience, protégeant mes maîtresses, écoutant aux portes, cachant leurs amants et décachetant leurs lettres, mais j'ai toujours ressenti une vive peine en voyant tromper un honnête homme. Que l'on vende cher ses faveurs à un homme qui vous désire sans vous aimer ; que l'on mette ses appas en hausse comme sa vertu pour faire multiplier les zéros placés devant le chiffre de la livraison, rien de mieux. Ici, il s'agit d'une bataille : l'homme donne ce qu'il a ; la femme ce qu'elle est.

Puisque ce pauvre petit charmant amour, que l'on voudrait cacher dans son sein comme un oiseau, est devenu un objet de trafic exploité par un certain nombre, nous ne pouvons plus, la chose étant admise, ni nous en étonner, ni rien vouloir y changer.

— Vous êtes un libertin, moi une courtisane, nous sommes dignes de nous entendre !

Mais qu'un homme grave, digne, sérieux, comme le comte de X... ; qu'un beau jeune homme passionné, comme M. Galowitz, s'attachent à des femmes qui ne les aiment pas ; qu'ils escomptent leurs espérances, exploitent leurs attendrissements, exaltent en eux tous les sentiments nobles, pour les faire ensuite tomber dans leur propre fange, cela m'attriste et m'afflige ;

et vraiment, plus d'une fois, je me sentais tentée de leur dévoiler le piége à loup des refus et le traquenard des vertus feintes.

Sous ce point de vue, madame Aurélia était plus forte que Cendrinette.

Cette situation tendue dura deux mois.

Madame voulait faire son Galowitz jusqu'à la moelle. Elle se contenta, ayant plus de quinze mille francs chez elle, de sa même petite robe noire qui se rougissait à la pluie ; elle ne s'accordait jamais de voiture, sachant bien que l'amoureux Hongrois devait se trouver au détour d'une rue, sous une porte cochère, dans un fiacre, partout et nulle part, pour la voir sans être vu et s'enivrer de sa contemplation.

Le succès de la pièce grandissait.

Madame reçut bien des lettres qu'elle savait contenir des déclarations.

Elle en prit une un jour, la replaça sous une autre enveloppe dont elle mit l'adresse et me chargea de la porter au bureau de la poste.

Je trouvai M. Galowitz sur ma route.

— Où allez-vous, Annette ?

— Faire une course pour madame.

— Mais encore...

— Jeter cette lettre dans une boîte.

— Ah! une lettre!

— Une vraie lettre.

Je la lui montrai, sans qu'il lui fût possible de voir à qui elle était destinée.

Le beau Hongrois devint plus pâle encore que d'habitude. Il se livrait en lui un violent combat.

Je voyais qu'il brûlait de m'adresser une question, et qu'il éprouvait une extrême répugnance à me la faire.

Je feignis alors d'être pressée de remplir ma commission.

Galowitz prit une bague magnifique qu'il avait au doigt, et la plaça à ma main gauche.

En la mettant ainsi, il lui fut facile de voir la suscription de la missive.

Un flot de sang lui monta au visage.

— Le baron de Caudas! murmura-t-il.

— Eh bien! demandai-je, après?

— Il aime ta maîtresse?

— Vous l'aimez bien!

— Il lui écrit...

— Probablement.

— Et elle lui répond?

— Vous le voyez bien!

— Annette, me dit-il d'une voix que l'émotion étranglait, il y a des moments où un homme fou d'amour, de rage et de jalousie n'est responsable d'aucun de ses actes... Je suis arrivé à cette période-là. Crois-tu que j'aime Aurélia?

— Oh! pour cela, oui, monsieur.

— Penses-tu que je l'aime plus que M. de Caudas?

— Dame, monsieur, je ne sais pas... Le baron est libre, et il parle d'épouser...

— Et ta maîtresse?...

— Ne me fait pas de confidences.

— De sorte que tu ne prévois pas...

— Je me dis que madame pourrait faire un mariage de raison, et que ce serait assez sage.

— Je deviens fou! dit-il.

— Mais, monsieur, repris je, je suis pressée.

— Annette, me dit-il, quand on perd à la poste une lettre chargée, l'administration paye cinquante francs d'indemnité à la personne qui l'a écrite... Perds cette lettre sur ton chemin, il y a cinquante mille francs pour toi!

— Mais, monsieur, vous me proposez tout simplement de vous vendre la correspondance de madame.

— Je ne propose rien! je ne dis rien! j'ai la tête perdue... Il me faut cette lettre, voilà tout...

— Encore!

— Eh bien, encore je te jure de la mettre ensuite moi-même à la boîte, mais j'aurai su le mot de ma destinée, et je saurai l'irréparable.

Je feignis l'indécision.

— Cinquante mille francs! répéta-t-il.

— C'est une fortune pour moi, je le sais, monsieur; mais ma maîtresse ne m'a jamais fait de mal, pourquoi voulez-vous que je la trahisse?

— Par pitié pour moi qui souffre tant!

— Oui, c'est vrai, vous avez l'air très-malheureux...

— Je ne dors plus, je ne vis plus, elle s'est emparée de moi... J'ai la poitrine dévorée par un feu intérieur : il me semble que je ferais mieux de me tuer tout de suite!

— Vous tuer! m'écriai-je.

— Oui, me tuer.

— Ah çà! mais j'aurais du malheur! Monsieur Fulgence, un joli garçon comme vous, a allumé du charbon pour ma précédente maîtresse, mademoiselle Cendrinette... Je ne puis pourtant pas rester entre ces divans sur lesquels s'évanouissent les femmes insensibles et les lits de douleur où agonisent ces malheureux... Vous dites que vous avez la tête perdue, monsieur ; moi, j'ai le cœur retourné... Pour servir chez les autres, on n'en est pas moins pitoyable, et vrai vous me faites de la peine...

— Tu es une bonne créature, Annette.

— Je le sais bien! et je le prouve trop!

Sans me retourner pour voir si M. Galowitz relevait la lettre, je le quittai brusquement après l'avoir laissée échapper de ma main.

— Je rentrai en courant.

Madame me guettait de la fenêtre.

— Eh bien! lui dis-je, monsieur la lit, maintenant. Il paye cher ses facteurs, ce bel amoureux.

— Il la lit!

— Oui, madame, je me suis laissée prier une demi-heure.

— Que penses-tu qu'il fasse ?
— Lui, madame ?
— Oui.
— Il sera ici dans deux minutes.

Madame se regarda dans la glace.

— Il faut convenir que tu es adroite.
— Je profite des leçons que madame me donne.

Au même instant retentit un violent coup de sonnette.

— Quand je vous le disais ! m'écriai-je en allant ouvrir.

M. Galowitz jeta un portefeuille dans mon tablier et pénétra sans se faire annoncer dans la chambre de madame.

Je n'entendis que ces deux mots :

— Galowitz !
— Aurélia !

Puis des baisers, des pleurs, tout le cortége de l'émotion.

On se calma un peu.

Le beau Hongrois ne chercha même pas à s'excuser. Il dit seulement, pour sauvegarder ma fidélité, qu'il m'avait arraché cette lettre des mains et qu'il l'avait lue ; qu'en voyant que M. de Caudas offrait sa main et son titre, il s'était sans doute trouvé moins heureux que lui, mais que le refus de madame le transportait d'une telle joie, qu'il venait lui dire loyalement et solennellement :

— Dans quelques années, je jure que vous serez ma femme. En attendant, partagez ma vie et ma fortune, quittez une situation où chaque jour vous vous trouvez exposée à être méconnue, jouissez d'un luxe pour lequel vous êtes faite. Les mariages du cœur étant les plus sincères sont aussi les plus sûrs.

Madame refusa d'abord. Galowitz se plaignit de n'être point aimé. Elle l'appela ingrat ! un mot avec lequel les femmes habiles ferment la bouche à bien des hommes. Elle recula pied à pied, ne cédant de terrain qu'en obtenant des concessions nouvelles.

Du reste, Galowitz agissait princièrement.

Il ferait bâtir un hôtel dans les Champs-Élysées, le meublerait comme le palais d'une reine, et mettrait dans le secrétaire de madame un titre de cent mille francs de rentes.

— De cette sorte, lui disait-il, vous pourrez me chasser si je vous deviens ennuyeux, et vous n'en serez pas moins à l'abri de tous les ennuis de la vie.

Madame céda.

Seulement, l'amoureux Galowitz exigea que ma maîtresse quittât immédiatement le théâtre, et comme elle était le plus joli *brouillard* de la pièce, le directeur refusa net de lui permettre de disparaître au lever du soleil de l'amour.

— Je plaiderai! dit alors madame.

— Quel bonheur! m'écriai-je.

— Pourquoi, quel bonheur?

— Parce que je recommanderai un avocat à madame.

— Tu connais des avocats, toi?

— Oui, madame, et même je leur sauve la vie.

— Bah!

— Monsieur Fulgence était épris de mademoiselle Cendrinette, et quand elle est partie pour Ville-d'Avray avec le comte...

— Ah! je comprends... Tu l'as consolé.

Je me sentis offensée.

— M. Fulgence pouvait se tromper en aimant mon ancienne maîtresse, madame; mais il est fier, et une pauvre femme de chambre...

Je n'achevai pas.

— Est-ce que, par hasard?...

— Non, madame, non, je vous jure.

— Tu jures, dame cela est... Eh bien, je prendrai M. Fulgence pour avocat.

— Et soyez sûre qu'il gagnera votre procès, madame.

— Eh bien, profite de ta soirée et va le chercher.

Je ne me fis pas prier.

Je trouvai madame Hériot à sa table de travail; ses filles brodaient dans un coin, et M. Fulgence lisait.

Il y avait longtemps qu'on ne m'avait vue, on me fêta presque.

Je commençai par envelopper ma nouvelle dans les entortillements de certains préambules. Je me doutais que madame Hériot, en vraie femme de province, en mère facile à alarmer, puis en mère qui tremble sans cesse pour son enfant, verrait peut-être avec chagrin que son fils débutât en plaidant la cause d'une *marcheuse* de théâtre. Mais il s'agissait de lancer ce laborieux jeune homme, et si la clientèle de certaines actrices n'est pas la plus honorable, elle peut du moins conduire à attirer dans le bureau d'un avocat habile les hommes qui vont chez elles. Il faut d'abord plaider tout ce qu'on trouve, on élague les causes véreuses ensuite.

Comme je l'avais prévu, la mère, qui, à travers mes réticences au sujet de Cendrinette, avait cependant compris qu'il s'agissait d'une actrice, se recula vivement quand j'eus expliqué le motif de ma visite.

Fulgence changea un peu de visage : l'ombre de Louise passa sans doute devant lui et le troubla.

Je ne perdis pas courage.

— Mais, madame, dis-je à la mère alarmée, vous n'aimez donc pas votre fils?... Si vous l'aimez, son avenir doit seul vous préoccuper ; cet avenir est également celui de vos filles... On ne fait pas sa fortune en restant comme une souris dans son trou à grignoter des miettes de pain... Votre fils a une assez bonne tête pour devenir un des gros bonnets du barreau... Certes, la cause que je lui apporte n'est ni grave ni très-lucrative, mais on ne sait pas à quoi elle peut mener... M'est avis qu'il ne faut jamais dans les commencements se montrer difficile... Puis, la vie a des hauts et des bas... On plaide un jour pour un engagement de théâtre, le lendemain on fait un procès à son architecte, qui abuse du droit de multiplier le chiffre des devis... que sais-je! Ces dames sont recherchées, on se bat pour elles, la Cour d'assises s'empare de l'affaire, et les journaux la reproduisent... Parfois cela va plus loin encore : un jaloux, un furieux couche en joue son adorée ou la crible de coups de poignards... Enfin, ces dames se servent de vitriol pour se venger de l'abandon d'un amant ou défigurer une rivale abhorrée... Vous voyez bien, monsieur, que, même dans ce mauvais monde, il y a encore des causes à gagner.

— Je plaiderai! dit M. Fulgence.

Le lendemain il se présenta chez madame, qui lui confia ses intérêts.

Quand il fut parti, elle me dit :

— Est-elle bête, cette Cendrinette ! Il est charmant ton avocat. A sa place, j'aurais ruiné le vieux comte de X... et rendu très-heureux mon amant.

— Mademoiselle Cendrinette l'aurait bien voulu, madame...

— Alors ?

— C'est M. Fulgence qui l'a quittée.

— Il a eu tort, ma petite Annette.

— Je ne trouve pas, madame.

— Il l'aimait ?...

— Puisqu'il a voulu se tuer...

— Ce n'est pas tout à fait une raison, mais cela y ressemble...

— Oh ! madame, je vous jure qu'il l'aimait bien !

— Il devait laisser couler l'eau et ne pas faire semblant de deviner la vérité. Quand on n'est pas riche, ce n'est point une raison pour empêcher les autres de l'être ! Ce n'est pas un crime à Fulgence d'avoir une bourse vide, mais on permet que les autres remplissent celle d'une jolie fille.

— Il se serait méprisé, madame.

— Est-ce que tu crois que Julien Sorel se méprisait pour avoir une comédienne dont le luxe était entretenu par un maréchal de France? Tous les amants des actrices, quand ils sont journalistes ou sans fortune, s'arrangent de ces accommodements faits avec le ciel de l'amour. Et, tiens, puisque nous en sommes là-dessus, depuis quand Auguste Latouche a-t-il des salons tendus de soie, sinon depuis qu'il est l'amant, non pas d'une comédienne de théâtre, mais d'une comédienne de salon. Planches ou parquet, cela ne fait pas grand'chose à l'affaire. Il a débuté par être un petit écrivassier acide, mordant avec de petites dents de vipère, parce qu'il n'avait pas la force de déchirer avec une mâchoire de lion. Je l'ai vu très-humble et très-poli, se faufilant partout, s'accrochant aux habits des gens riches, afin que l'esprit qu'il avait les tentât comme du champagne, et qu'il obtînt d'être servi dans les soupers comme un hors-d'œuvre ou un vin capiteux. Il se glissait dans les coulisses sous la forme d'un feuilleton, et se faisait complimenteur pour être protégé par l'amant de ces dames. Puis, un jour, à force de monter les escaliers des hôtels, il eut l'âpre désir d'en posséder un à lui... Il se trouva, je ne sais comment, voir une femme d'un âge où les passions se changent en vices. Il était assez bien fait de sa personne, ne manquait ni d'impudence ni de souplesse. Il passa par la chambre à coucher, et se réveilla un matin le champion forcé d'une actrice sans appointement et l'amant d'une vieille femme. Depuis ce temps-là, il possède une maison charmante, des chevaux et tourne à la dévotion, afin de lessiver son existence dans l'eau bénite. Celui-là est franchement un malhonnête homme ; mais Desgrieux n'a jamais semblé méprisable à personne, et cependant Manon lui était sans cesse infidèle. Ton M. Fulgence n'a pas l'air d'être beaucoup de ce monde; il aurait vu, s'il avait lu Balzac, que Camusot supporte le petit amant de sa danseuse parce qu'il ne pourrait pas vivre sans cette femme, et qu'elle-même se suiciderait si elle perdait son amant. Mais tel qu'il est, avec son caractère dont les aspérités viennent de sentiments honorables, je le trouve charmant, ton avocat.

— Et comme ses sœurs sont jolies!

— Ah! il a des sœurs?

— Deux sœurs jumelles, brunes, blanches, honnêtes, sages, qui font de la tapisserie pour ajouter un peu d'argent à la dépense du ménage.

— Et que deviendront-elles ces belles pauvres filles?

— Elles épouseront un honnête homme avec qui elles vivront en honnêtes femmes. Leurs seuls plaisirs seront d'élever des enfants sains et bien portants, de faire régner l'économie dans un intérieur dont toute la dépense s'élèvera à peine à six mille francs par année et de donner à leur mari le bonheur qui fait de deux époux deux amis sincères. Madame, qui va renouveler son trousseau, devrait bien, puisqu'elle confie sa cause au frère, donner des broderies à faire aux deux sœurs.

— Soit, me répondit-elle, c'est toi qui régleras le prix.

M. Fulgence plaida pour madame Aurélia et obtint la résiliation de l'engagement.

Madame, très-reconnaissante, et tentée de sauver l'homme que Cendrinette avait perdu, envoya à l'avocat une somme assez ronde pour aider à renouveler le mobilier de l'appartement.

En même temps je procurai aux jeunes filles du travail pour plus de six mois.

Madame s'obstina à rester dans l'appartement de la rue Blanche, jusqu'à ce que l'hôtel fût construit. Heureusement qu'à Paris les maisons s'élèvent un peu à la façon dont on bâtit les palais dans les contes de fées. Six mois après, tout était fini.

Alors madame me prit à part et me dit, non sans pleurer un peu :

— Je ne sais pas si je serai absolument heureuse, mais, du moins, je vais jouir d'une situation enviable. Galovitz exige que je rompe avec le théâtre et avec tout ce qui peut rappeler le passé. Je ne te garde donc point, mais je te regrette, et je te le prouve en te donnant ces deux lettres : l'une pour madame de Sainte-Colombe, l'autre pour madame Athalie de Monval.

Assez embarrassée de savoir chez laquelle de ces dames il vaudrait mieux me rendre, tentée d'un côté par l'allure aristocratique du nom de la dernière, attirée de l'autre par l'habitude du service facile que l'on contracte chez les lorettes ou les comédiennes, je plaçai les deux lettres sous un mouchoir, et j'en pris une au hasard : le sort m'envoyait chez madame de Monval.

X

Je m'en étais fiée à la Providence pour décider ce que je devrais faire ; en voyant le nom de madame Athalie de Monval, je fus subitement impressionnée. Ce grand semblant de noblesse m'en imposait. Je me demandais comment il faudrait servir, me présenter, parler, après avoir fait des parties de besigue avec mes maîtresses et cédé leurs lettres pour de l'argent. A cette dernière circonstance, il y avait à la vérité une bonne excuse : si j'avais fait cette petite infamie, madame Aurélia me l'avait conseillée.

Ce qui cependant me rassurait un peu, c'est que madame ne connaissait et ne devait connaître que des femmes dont la vertu est plus accessible que le Mont-Blanc. Mais il n'importe ; à une époque comme la nôtre, où tout le monde se mêle de courtisanerie, il devient assez facile de se tromper, et j'ai coudoyé de vraies comtesses, aussi réellement entretenues que de pauvres filles que leur beauté fit un jour ramasser pour les placer dans des voitures à huit ressorts. Tenez, pour en citer seulement quelques-unes :

Cette belle brune, jeune, grasse d'épaules, qui vendait les diamants reçus la veille et les faisait racheter par un nouvel amant du lendemain ! Et cette blonde fauve, lionne d'Europe qui s'apprivoise aux mœurs de l'Asie et fait de sa maison un sérail d'hommes ! Et cette autre qui tente depuis dix ans de se bâtir un vrai mariage, et qui, en attendant, fait des rentes à une famille de pauvres gentilshommes pour garder le droit de peindre leur blason sur les panneaux de sa voiture ! Et cette jeune femme au profil un peu aigu, aux cheveux opulents, couleur de l'aile du corbeau, qui cherchait à se faire enlever par un homme d'esprit pour avoir une célébrité quelconque !

Que sont-elles donc toutes, sinon des courtisanes entretenues d'argent toujours, et de protection par-dessus le marché.

J'allais entrer chez une femme d'un tout autre caractère et qui me semble maintenant bien autrement dangereux, en ce qu'elle possédait certains dehors auxquels les honnêtes gens se pouvaient prendre.

Bon nombre d'hommes ne fréquentent point les lorettes, ne soupent jamais et professent un souverain mépris pour les petites actrices et les petites dames.

Quand ce sont des hommes à passions profondes, il leur arrive souvent de faire un éclat, d'enlever une femme mariée et de fuir avec elle.

Mais il est à Paris une classe de femmes qui tend à prendre des proportions déplorables, et dont l'influence se fait déjà trop sentir.

Ce sont les fausses femmes artistes.

Elles ne peuvent l'être que de deux manières.

Les fausses femmes de lettres qui ne produisent rien et s'attachent seulement au visage le masque de l'esprit ; et les femmes artistes, qui ont un atelier rempli de peintures, mais qu'on ne surprend jamais le pinceau à la main.

J'en ai connu une qui cumulait.

Madame Athalie de Monval était de la classe des fausses femmes de lettres.

Instruite comme une fille pauvre élevée aux Loges, ayant l'instinct du beau, la maladie du sensualisme, le besoin de la paresse, les appétits de la gourmandise ; voulant réunir autour d'elle le luxe et la fantaisie ; possédant un certain goût d'arrangement, l'amour des bibelots, causant sans profondeur, mais avec une facilité pouvant faire illusion ; jetée dans le monde, en quittant les Loges, sous forme de gouvernante dans une maison riche, elle ne tarda pas à montrer son savoir-faire en rendant passionnément amoureux le frère de la jeune fille à qui elle était chargée d'enseigner le français et l'histoire.

Athalie était fine et froide, deux qualités qui mènent à tout. Léon de Vaudreuil venait de perdre son père, il avait un héritage à dévorer, la gouvernante se dit qu'elle le croquerait plus lestement qu'une autre, attisa la passion du jeune homme, refusa progressivement toutes les preuves d'un amour qu'elle feignit cependant de partager, et conduisit Léon au point de faire pour elle d'énormes sacrifices.

Ce ne fut point assez d'une maison montée ; elle lui fit comprendre qu'en devenant sa maîtresse, il lui faudrait renoncer à tout projet d'union, et ne plus se bercer de l'idée d'être la compagne d'un employé modeste ou d'un brave officier.

Elle ajouta, et ce fut sa plus grande adresse, qu'elle ne demandait point à être épousée, qu'elle ne consentirait même jamais à entrer dans une famille qui ne pouvait manquer de la repousser. Léon avait le choix de se ruiner, ce qui n'attaquait que sa bourse ; il n'avait pas celui de contracter une mésalliance, ce qui touchait à l'honneur.

C'était bien assez déjà d'avoir causé un violent chagrin à sa mère.

Du reste, elle avait attendu, pour quitter la vieille dame, que ce jeune fou lui eût assuré quelques capitaux par un placement avantageux et eût préparé pour elle un appartement délicieux.

Il croyait avoir vaincu ses derniers scrupules et espérait enfin pendre la crémaillère du plaisir dans le petit hôtel dont elle prenait possession, mais il avait affaire à une créature aussi fausse que pervertie, et n'était pas au bout du chapelet de douleurs qu'il devait réciter dévotement pour l'amour d'elle.

Qu'Athalie n'aimât pas Léon, elle était libre.

Qu'elle se laissât combler néanmoins par lui de présents, cela était encore possible, mais elle devait pousser plus loin la scélératesse.

Pour une nature comme la sienne, si tout caractère généreux, toute beauté naïve étaient ou répulsifs ou indifférents, le vice possédait en revanche une attraction énorme.

Elle ne pouvait et ne devait aimer que des vauriens.

Et l'on en connaît jouissant de positions qu'ils déshonorent.

Athalie avait été suivie un jour, avec une insistance de mauvais goût, par un officier portant la moustache relevée, un de ces hommes qui paraissent avoir gardé la tradition des mousquetaires, qui tiennent du Cid, mais surtout du capitan.

Ils boivent, jurent, jouent et aiment les femmes avec audace et impudence. Mais ils ne boivent pas seulement, ils s'enivrent ; ils ne jouent pas, ils hantent les tripots ; ils n'aiment pas seulement les femmes, ils les battent.

Que l'on comprenne bien ma pensée :

Je ne parle pas en ce moment de l'officier dans la valeur ordinaire que ce titre donne, et qui signifie probité, loyauté, dévouement chevaleresque.

Je peins une exception, heureusement rien qu'une exception ; je raconte l'histoire d'un homme que la révolution de 1848 trouva battant le pavé de Paris, un fusil à la main ; qui, incorporé plus tard dans un régiment, semblait toujours un bâtard introduit dans la famille.

On ne l'aimait pas, on ne l'invitait pas, on ne l'estimait pas.

Qu'avait-il jusqu'alors fait de répréhensible ? Personne n'aurait pu le dire peut-être ; mais la considération n'est pas seulement une chose logique, quelquefois elle n'est qu'un merveilleux instinct.

On ne lui tendait jamais la main.

Aucun de ses camarades ne le tutoyait.

Il était mis en quarantaine.

S'il n'était pas orgueilleux, car l'orgueil est le sentiment de la dignité, il était vaniteux.

Ne se voyant pas aimé, il en vint à haïr ; repoussé par le fait, il se fit haineux et mordant.

Il maniait l'épigramme avec une adresse venimeuse, était au courant de tout ce qui concernait les autres officiers, de leurs amours comme de leurs affaires, et, semblable au chasseur à l'affût, il attendait, bien caché dans l'ombre, une sérieuse occasion de nuire.

Le hasard voulut qu'il vît Athalie, qu'elle lui plût, et que, s'obstinant à la suivre, il la forçât pour ainsi dire d'entendre un langage qui n'était pas dépourvu de la poésie chaude du désir, et qui troubla, malgré elle, la petite couleuvre endormie.

Gaspard connut l'adresse de la gouvernante, la guetta, l'attendit, lui écrivit et obtint ce que demandait encore le respectueux et dévoué Léon de Vaudreuil, un rendez-vous.

Dès lors, Athalie aima.

Elle aima bassement, lâchement, comme elle pouvait aimer. Elle donna tout ce qu'elle avait de cœur à ce soudard, qui la tutoyait au point de lui faire enlever ses bottes et qui la menait à coups de cravache comme son cheval.

Entre deux êtres de cette trempe il est facile de s'entendre. Athalie raconta les poursuites de Léon, les sacrifices qu'il avait déjà faits, ceux qu'il était prêt à accomplir encore. Gaspard approuva la politique de sa maîtresse, qui, si elle était capable d'abuser le jeune gentilhomme, n'aurait jamais pu tromper l'officier.

La nature de cette jeune fille était sans doute mauvaise, il la pervertit. Il lui traça les derniers plans de son adroite stratégie, et elle s'y conforma docilement.

Ainsi, tandis que l'on renvoyait Léon à dix heures précises, la porte s'ouvrait plus tard pour l'amant heureux. On ne supportait de lui que son argent, et encore on le lui faisait payer cher.

Puis, lorsque Athalie comprit que l'attente du jeune homme avait atteint les dernières limites de la patience, que son cœur, lassé d'attendre, était sur le point d'éclater; que ses sens, exaltés par l'amour et la jeunesse, étaient prêts à toute heure à rompre le frein du respect, et qu'elle ne pouvait, en dépit de son adresse, prolonger une lutte impossible, qui était à elle seule un chef-d'œuvre et la mettait au rang des plus habiles politiques, elle improvisa une scène sans raison, pleura, s'emporta et finit par mettre Léon de Vaudreuil à la porte de l'hôtel qu'il avait acheté pour elle.

C'était le dernier mot de l'habile.

Léon, froissé, meurtri, comprenant enfin qu'il était dupe d'une coquette indifférente et d'une courtisane sans passion, ne lutta pas contre la volonté d'Athalie.

Blessé, il cacha avec soin sa blessure, la laissa deviner plutôt qu'il ne la montra à sa mère, et bannit de son souvenir jusqu'au nom qu'il avait prononcé tant de fois avec l'ivresse de l'espérance.

Débarrassée de Léon, Athalie ne se contraignit plus.

Elle avait de l'argent. Sans se dire qu'il pouvait s'en aller comme il était venu, elle commença à mener grand train, autant pour satisfaire ses propres goûts que pour flatter ceux de Gaspard.

Il dînait souvent chez elle, y demeurait, avait un cheval et puisait dans le secrétaire.

Sa passion pour le jeu se développa rapidement. Il éprouvait des alternatives qui le rendaient, il paraît, de la plus épouvantable humeur du monde, car je n'ai point vu ces scènes se passer chez madame de Monval, et les détails que je tiens me viennent d'un cocher qui avait vu se dérouler tout le roman et en connaissait les moindres circonstances.

On faisait dans la maison une dépense effrénée.

M. Gaspard imposait ses volontés et semblait avoir dans la maison bien plus d'autorité que madame.

Il rentrait souvent fort tard.

Elle l'attendait.

Quand il se trouvait mal disposé, il la grondait de ne pas s'être couchée, s'emportait à propos des femmes jalouses qui font des scènes à leurs amants, cassait les porcelaines et les cristaux, et frappait même madame Athalie.

Elle frémissait comme une panthère en cage, mais elle ne le chassait pas, comme elle avait fait de Léon.

Il lui faisait peur.

Le lendemain de nuits orageuses, quand il s'était montré plus brutal que jamais, elle était douce comme un mouton et passait par tous ses caprices.

Il la menaçait souvent de lui donner un coup de couteau si elle le quittait.

Aussi ne l'eût-elle jamais osé.

De même que Gaspard n'avait aucune des délicatesses de l'amour, il ne sut même pas mettre assez de réserve dans sa façon de se conduire pour que nul ne soupçonnât et sa liaison avec Athalie de Monval et surtout la source de sa fortune subite.

On pensa d'abord que le jeu lui était une ressource. Mais il n'était guère heureux en maniant les cartes, et l'on fut obligé de croire que les femmes lui étaient plus favorables.

L'infamie de cet homme devenait une flétrissure pour tout le corps auquel il avait l'honneur d'appartenir.

On s'informa. On fit une enquête sérieuse, lente, minutieuse.

Ce conseil de guerre, destiné à juger l'honneur d'un homme, eut toute la gravité, toute l'équité d'un tribunal.

On ne condamna pas le prévenu.

On prit toutes les précautions avant de le décréter d'accusation.

Certes, Gaspard était loin de penser que ses moindres actes passaient à l'austère censure de l'armée et qu'un jour viendrait où, de même que l'on retranche du corps un membre gangrené, on raye des cadres celui qui s'est rendu indigne des épaulettes et de l'épée.

Cinq jeunes gens de la meilleure naissance furent chargés de l'instruction.

Le résultat fut celui-ci :

Que M. Gaspard, n'ayant d'autre fortune que sa solde d'officier, et vivant publiquement avec une femme qui ne devait son luxe qu'aux prodigalités d'un amant, faisait, avec un or ramassé dans la boue, des dépenses au-dessus de ses moyens ; qu'en conséquence, ayant commis, et commettant chaque jour une lâche action, il ne pouvait plus faire partie du corps des officiers.

Cette décision fut unanime et prise après une discussion qui suivit un dîner auquel avaient été conviés tous les officiers, excepté Gaspard, qui, prenant presque tous ses repas chez Athalie, ne s'aperçut point de l'ostracisme qui le frappait.

Au régiment, cependant, les dîners en commun, connus sous le nom de *mess*, sont regardés comme nécessaires; on pardonne difficilement à l'officier non marié de n'y point paraître, et Gaspard, pour ne point froisser davantage, s'y rendait de temps en temps.

On attendait cette circonstance pour faire éclater une trop légitime indignation.

Ce jour-là, les officiers arrivèrent de bonne heure. Ils tenaient à surveiller l'entrée de celui qu'ils avaient à juger.

Il arriva.

Il salua, mais personne n'eut l'air d'y prendre garde.

On se mit à table, et comme il ne trouva pas de couvert à sa place habituelle, il en demanda un au domestique.

Alors, un des officiers se leva.

— Pardon, monsieur! dit-il froidement, est-ce que vous comptez dîner ici?

— Sans doute, répondit Gaspard d'un air agressif.

— Alors, reprit l'officier en se tournant du côté de ses camarades, je me retire.

— Monsieur ! s'écria Gaspard, est-ce une insulte ?

— Prenez-le comme vous voudrez, monsieur.

— Vous désirez une affaire ?

— Pas positivement.

— Cependant...

— Ce que je veux, monsieur, au nom de tout le régiment auquel j'ai l'honneur d'appartenir, c'est que vous donniez votre démission pure et simple.

— Ma démission !

— Aujourd'hui même.

— Je trouve la prétention inouïe, et jamais...

— Jamais on ne s'est conduit avec un officier d'une façon pareille, cela est possible, monsieur, mais aussi, jamais officier français ne s'est dégradé comme vous le faites.

— Moi ?

— Vous !

— Et tenez, dit un autre officier, tenez pour

certain que tous nous vous jugeons lâche et indigne, et que nous vous souffletons de notre mépris.

— Nous sommes sans fortune souvent, reprit un autre; notre richesse, c'est notre épée; mais si la lame s'ébrèche, elle reste d'acier pur, et vous avez mis la vôtre dans la fange.

— On peut être un officier honoré, honorable, et n'avoir d'autre illustration de famille que celle qu'on se donne, mais il n'est pas permis de devoir sa célébrité de luxe et de tripot à l'alcôve d'une courtisane !

M. Gaspard devint blême.

— Oh ! votre intention est décidément...

— D'obtenir sur l'heure, nous vous l'avons dit, votre démission. Vous la signerez à la place où vous vous êtes autrefois assis parmi nous, sur la nappe de cette table, où vous ne boirez plus à la santé d'hommes de cœur, ni au succès d'armes que vous déshonorez.

— Et si je refuse ?

— Si vous refusez, vous devrez vous battre tour à tour avec chacun de nous... Comptez !

Gaspard était lâche, comme tous les hommes dont l'âme est faite de boue.

Il n'eût pas reculé devant un seul d'eux, cependant; mais cette série de luttes, ces affaires quotidiennes, dans lesquelles, ayant la faute de son côté, il pouvait bien aussi avoir la mauvaise chance, l'effrayèrent subitement.

Il retomba assis sur la chaise qui marquait sa place vide et demeura la tête penchée, dans l'attitude de l'abattement.

Un des officiers fit un signe, l'on apporta ce qu'il fallait pour écrire, et, d'une main tremblante, il traça ce que l'on exigeait de lui.

Ensuite, pâle comme un condamné à mort, il quitta la salle.

Quelque misérable que fût cet homme, il sentait bien qu'après une insulte de ce genre, il ne pouvait rester à Paris. L'histoire de sa démission ne pouvait manquer de faire du bruit. On la commenterait, il serait trop facile d'en deviner la cause, en le voyant vivre ostensiblement avec Athalie.

Un moment la folie lui saisit le crâne, et il se demanda ce qu'il allait faire.

Le sentiment qu'il éprouvait pour Athalie de Monval n'était pas assez pur, assez fort pour le soutenir et le guider.

Le mal qu'il avait fait retombait sur lui.

La dépravation qu'il avait goutte à goutte versée dans l'âme de la jeune fille finissait par noyer la sienne.

Il songea au suicide.

Quelque perverti qu'il se sentît, il n'osa pas rentrer chez sa maîtresse. Aussi bien, puisqu'il venait de donner sa démission d'officier, il pouvait donner sa démission d'amant.

Un café se trouvait en face de lui quand il fit cette réflexion. Il y entra, prit deux verres d'absinthe et se mit à tracer rapidement une lettre dans laquelle l'ironie se mêlait au cynisme. A peine un mot de souvenir sur les courtes heures où il avait cru aimer la femme qu'il prit ensuite à tâche d'avilir. L'orgie, l'abaissement du niveau moral avaient desséché chez Gaspard la source des larmes et des bonnes pensées. Il envoya un commissionnaire porter la lettre chez Athalie, avec ordre de ne pas revenir sans réponse, et de ne point dire où il se trouvait.

Quand Athalie lut cette lettre, elle éprouva, non pas une douleur vive, mais une sorte de souffrance âcre. Cet homme l'insultait, la maltraitait, la ruinait, mais elle y était habituée ; elle n'était pas sûre de ne point le regretter. Et puis, elle redoutait la solitude accaparée par lui, car le malheureux eût craint, si elle s'était trouvée en contact avec d'autres hommes, qu'elle eût enfin senti l'ignominie de la situation et eût établi une comparaison qui devait nécessairement aboutir à un bannissement. Mais elle eut une autre pensée qui corrigea les craintes premières.

— Il a encore perdu au jeu et ne veut point me l'avouer, parce qu'il prévoit que notre fortune est en baisse.

Cette réflexion la calma.

Elle mit sous enveloppe les deux billets de mille francs qu'il lui demandait et écrivit une lettre finissant par ces mots : « Ton départ pour le Mexique me semble un joli conte. Il me semble que tu es assez accoutumé à prendre mon bien où tu le trouves pour n'avoir pas besoin de subterfuges semblables. Je t'attendrai pour dîner. »

Le commissionnaire trouva Gaspard à la

même place, seulement, à moitié ivre d'absinthe et de porto.

Le malheureux se dégrisa en lisant le billet de sa maîtresse, paya largement le commissionnaire, monta en voiture et prit ensuite le chemin de fer.

Athalie l'attendit une partie de la nuit.

Elle commença alors à croire sérieusement à son départ.

Deux jours après, une dépêche télégraphique de Gaspard ne lui laissait plus aucun doute.

Elle tomba dans un marasme profond.

On ne la vit nulle part pendant quinze jours.

La bête semblait engourdie par la digestion de sa honte.

Enfin elle s'éveilla brusquement, en sursaut, se regarda dans une glace, et s'écria :

— Imbécile que je suis !

La réaction était opérée.

XI

Athalie était assez belle pour être vite remarquée. Le lieu où les femmes se rendent le plus aisément quand elles sont dans le vague de l'existence, c'est le théâtre. Les lumières, la gaieté de la salle, l'élégance de la parure donnent un nouveau relief à leur beauté et l'entourent d'un cadre d'or et d'étincelles.

Puis, la pièce les occupe toujours un peu, si paresseux que soit leur esprit. Rendons, au reste, cette justice à Athalie, c'est que, par son instruction première, elle se trouvait complétement en dehors des femmes dans les rangs desquelles elle était tombée. Aussi dégradée qu'elles, Athalie les dépassait toutes par une intelligence vive qui pouvait s'allumer au frottement d'hommes d'esprit et arriver à faire illusion.

Elle avait, du reste, la conscience complète de sa déchéance et savait parfaitement, en se rendant au théâtre, qu'elle serait reconduite, sinon jusqu'à son alcôve, du moins jusque dans son salon.

La pièce commença.

Ce que l'on jouait importe peu.

Dans un entr'acte, elle alla au foyer.

Un homme grand, au teint d'une blancheur mate, à la barbe et aux cheveux roux, et dont le type était étranger, la regarda avec affectation, passa et repassa auprès d'elle et renouvela ce manége très-facile à traduire chaque fois qu'elle sortit après que la toile fut baissée.

Pendant le spectacle, il la lorgna avec affectation.

La pièce finie, il se trouva près d'elle, dans le couloir, et lui présenta son bras.

Elle le prit.

Sa voiture l'attendait.

Il y eut entre eux un échange de mots rapides, puis elle monta en voiture avec lui.

Elle apprit alors qu'il était journaliste et s'appelait Octave Fabrician.

Octave était une individualité.

Taré comme homme, détesté comme journaliste, mettant la littérature en coupe réglée, recevant de toutes les mains, et il semblait qu'il en eût autant qu'un dieu de l'Inde, fui par ses confrères, redouté des artistes, il buvait paisiblement le mépris public, avec le calme d'un Turc qui savoure une tasse de moka ou aspire la fumée de sa pipe.

Ses revenus avaient plusieurs sources :

D'abord les journaux, dans lesquels il faisait les articles de critique, et qui payaient assez cher ses lignes de prose.

Ensuite les théâtres, qui le subventionnaient pour qu'il ne dît pas de mal de la direction et de l'administration en général. La subvention accordée à Octave consistait en une loge qu'il louait fort cher à l'année.

Enfin, des sommes, plus ou moins élevées, payées par les artistes qui souhaitaient être vantées en particulier.

Les cadeaux pleuvaient chez lui.

Bronzes, tableaux, objets d'art, bijoux, il avait le goût de toutes ces choses développé d'une manière effrayante pour ceux et celles qui désiraient quelques éloges.

Citons un exemple :

Une mignonne danseuse, une débutante, se rend un matin chez lui, afin de le supplier de se montrer indulgent.

Il est poli, gracieux, admire la jolie fille destinée à briller sur les planches de l'Opéra, et, tout en la complimentant, joue avec une ravissante petite montre qu'elle portait à la ceinture.

Elle était en effet d'un goût exquis et entourée de diamants.

Quand elle lui parlait danse, il répondait bijou ; quand elle insistait pour avoir quelques lignes dans le prochain feuilleton, il entamait une phrase sur l'horlogerie.

— Mon Dieu, monsieur, dit la petite, qui crut enfin comprendre, si vous trouvez cette montre si jolie, faites-moi le plaisir de l'accepter.

Il l'accepta.

La danseuse débute, et le jour où devait paraître l'article sur l'Opéra, attendu avec tant d'impatience, elle déchire la bande du journal d'une main fiévreuse et court vite au feuilleton.

Elle lit son nom ; le cœur lui bat ; soudain elle froisse le journal avec rage et s'écrie :

— C'est une indignité !

Elle était vulgairement *éreintée.*

Furieuse, elle prend un manteau, un chapeau, monte en voiture et court chez le journaliste.

Il était visible.

Elle entre ; il lui fait son plus gracieux sourire.

— Ah ! monsieur, dit-elle, pouvez-vous m'avoir traitée ainsi ? Me comparer à une poupée de bois, dire que je suis sans grâce, sans méthode ; que je manque mes pirouettes et ne sais ni me donner du balancé ni tenir sur les pointes... Mais c'est à me faire perdre ma position, à me ruiner, à me...

Elle fondit en larmes.

Ce petit orage passé, elle ajouta :

— Et moi qui croyais... Car enfin j'avais compris votre désir; je vous avais offert un bijou auquel je tenais...

— C'est vrai, mon enfant, lui répondit-il, vous m'avez donné la montre, mais vous avez oublié la chaîne.

Ce mot est tout l'homme.

Sans argent ou sans cadeau d'une valeur variant de cinq cents francs à mille francs, pas d'article.

Les éloges se graduaient d'après la somme.

Chaque adjectif était coté.

Les augmentatifs et les superlatifs se payaient des prix fous.

Sur le livre de comptes de chaque artiste se trouvait la somme envoyée mensuellement à Octave.

Sur le carnet de l'une d'elles, native de Rome, on voyait régulièrement cette phrase significative :

« *Régalade* envoyée à Octave Fabrician. »

C'est dans les mains de ce bravo littéraire qu'en quittant Gaspard venait de tomber Athalie de Monval.

Avec elle, le feuilletoniste ne garda bientôt plus de secret.

Il avait un plan exécutable à la condition de se ménager un complice.

Une complice lui convenait encore mieux.

Le traité d'Octave avec le journal dont il exploitait si merveilleusement la chronique théâtrale, ne lui permettait pas de signer de son nom d'autres feuilletons du même genre.

Lié par une signature, il cherchait le moyen de manquer à sa parole, sans courir le risque de perdre sa situation.

Après avoir causé avec Athalie et vu le parti que l'on pouvait tirer d'une créature perverse, assez spirituelle et assez habile pour garder le masque du bon ton quand il deviendrait nécessaire de le prendre, Octave lui déroula son projet.

— Ma petite, lui dit-il, vous avez du vice ; cela est commun, par le temps qui court ; une seule chose devient rare : le moyen d'exploiter habilement les vices que l'on possède. Vous êtes jolie, mais, dans le monde des courtisanes, on a vu réussir des femmes sans beauté. Vous avez été élevée aux Loges, mais il existe telle fille qui ne sait pas lire et qui affiche un luxe de princesse.

Donc, la morale de ceci est que vous avez en vous les éléments nécessaires au succès, et que ce succès je vous crois incapable de le réaliser. Ne m'objectez pas les sacrifices de Léon de Vaudreuil, vous en avez jeté les profits dans le gouffre sans fond des dettes d'un débauché. Habile à duper, vous n'en resteriez pas moins éternellement dupe. Enrichie par l'un, le lendemain, l'on vous verrait appauvrie par l'autre.

Ce qu'il vous faut, c'est l'esprit de direction et de conduite. Vous avez besoin d'être guidée et maintenue. On est vicieuse quand on s'adonne au vice, mais on n'est riche et on ne reste riche qu'en gardant le génie même de la perversité.

Je viens vous mettre de moitié dans ma vie et prendre la moitié de la vôtre.

A notre époque, le bruit est la moitié de la réussite.

Il faut que vous fassiez du bruit.

Attirer des hommes chez soi, changer d'amants, tenir une banale cour d'amour à tant par mois, ou faire dresser, le soir, clandestinement des tables de lansquenet qui vous rendent passible de la police correctionnelle, cela, vous en conviendrez, est assez vulgaire, et par trop indigne de vous!

J'ai mieux à vous proposer.

Vous savez que j'écris le feuilleton d'un journal. Si je le veux, demain j'aurai à ma disposition un nouveau rez-de-chaussée, et cette critique théâtrale sera, cette fois, signée de votre nom. De cette sorte, j'élude le traité qui me lie, et je double mes appointements. Ce que vous gagnerez à cette ruse littéraire, le voici : le mordant des articles, l'âpreté de la critique, le brillant du style, jetteront de l'éclat sur votre nom. On voudra savoir qui vous êtes, on demandera à vous être présenté. Vous jouerez, je n'en doute pas, votre rôle à merveille. Les hommes qui viendront chez vous, pour la plupart étrangers, auront à dépenser beaucoup d'argent, et souhaiteront le faire le plus bruyamment possible. Une femme de lettres! c'est une bonne fortune, quoique, franchement, il en soit beaucoup que je pourrais nommer qui ont usé et abusé de ce moyen... Me comprenez-vous?

— Parfaitement.

— Nous entamons autant une combinaison que nous négocions un mariage, car j'ai oublié de vous apprendre les conditions de notre traité.

— J'écoute toujours.

— Je toucherai les émoluments payés par ce journal, je jouirai de la loge accordée par la direction du théâtre, et je recevrai les cadeaux que les artistes jugeront à propos d'adresser à leur bienveillant appréciateur.

— Cela est juste, répondit Athalie ; puisque vous écrirez ces articles, vous en aurez les bénéfices... Cependant, et moi?

— Je vous l'ai dit, vous signerez.

— La signature est la glu des moineaux.

— Exactement. Ensuite...

— Ah! il y a un ensuite?

— Il y en aura même plusieurs...

— J'écoute.

— Les hommes que vous recevrez seront, je vous l'ai dit, des hommes riches, titrés, célèbres à un point de vue quelconque... Ils seront généreux avec vous, et vous vous montrerez reconnaissante envers moi.

— Je comprends... dit Athalie, je feindrai d'aimer ces galants à billets de banque, et je vous garderai mon cœur tout entier..

— Si vous pouvez...

— N'est-ce donc pas cela que vous désirez?

— Cela d'abord.

— Et après?

— Je vous l'ai dit, il y aura plusieurs *ensuite*...

— Parlez donc...

— Ces hommes vous feront des rentes énormes... Quelque élevé que soit le prix de mes travaux littéraires, je n'arrive pas toujours à combler le gouffre de mes dépenses... La position dont vous jouirez, cette position que vous ne devrez qu'à moi seul, ne trouvez-vous pas qu'il sera juste d'en prendre la moitié pour me l'offrir?

— Comment! moi vous payer la moitié de...

— Parfaitement.

— Et si je refuse?

— Je n'aurai rien dit.

— Voilà qui est bien, *Octave!*... monsieur Fabrician.

— On est ce qu'on veut.

— Et que voulez-vous être?

— Riche.

— Seulement?

— Cela suffit à tout.

— Peut-être... Mais enfin, reprit Athalie, vous jouerez dans ma vie un singulier rôle, et pour lequel la langue française n'a pas de qualification polie.

— Les académiciens sont si stupides quand ils deviennent immortels!

Athalie de Monval hésitait.

La froide perversité de cet homme lui faisait peur.

Elle aimait encore mieux Gaspard joueur, libertin, que ce plumitif mettant le déshonneur d'une femme en coupe réglée et vivant en partie du profit de sa honte.

Elle finit cependant par accepter.

On comprend bien qu'après avoir réglé les conditions d'une liaison avec un tel cynisme, il ne peut exister d'amour d'aucun côté.

Seulement, le traité conclu fut exécuté fidèement.

Octave lança Athalie de Monval.

En ouvrant son salon, elle s'attacha à lui donner un cachet spécial dans lequel dominait la fantaisie, le goût des objets d'art, tout ce qui ôte la banalité à un intérieur.

Elle maniait merveilleusement l'ironie et décochait ses flèches avec une main de femme et un cœur de Parthe.

Sa conversation pouvait faire illusion aux gens superficiels ou aux étrangers.

Et comme le nombre de ceux-ci est beaucoup plus élevé que celui des hommes dont l'intelligence est profonde et l'instruction variée, il en résulta qu'Athalie atteignit pleinement son but et arriva, au bout d'une année, à jouir d'une fort jolie réputation littéraire.

La prédiction d'Octave se réalisait.

Madame de Monval, mise en relief par ses articles, voyait affluer chez elle les étrangers de distinction.

Les premiers artistes de Paris chantaient à ses soirées.

Elle avait trois voitures et menait grand train.

Athalie n'aimait personne : tout ce qu'elle

avait eu de cœur, elle l'avait usé pour Gaspard le hanteur banal de cafés! Mais du moment où Octave Fabrician lui proposa l'alliance offensive et défensive qui, leur donnant une domination absolue sur deux hautes montagnes de la presse, leur permit de prélever sur tous les artistes un droit de péage, elle éprouva au cœur une haine violente, et cette haine eut Octave pour objet. Jusqu'à ce moment, Athalie avait dépensé l'argent avec une facilité de courtisane sûre de rentrer dans ses fonds. Elle sentit s'éveiller en elle l'avarice en supputant les profits de ce coquin.

Peu à peu, d'ailleurs, à force d'entendre louer son esprit, elle finit par y croire; elle oublia presque que son associé rédigeait seul le fameux feuilleton, tant on vanta le talent qu'elle y déployait. En embrassant cette vie nouvelle, il lui parut qu'elle faisait peau neuve comme les serpents, et elle ne tarda pas à trouver lourdes les exigences de Fabrician.

Celui-ci tenait strictement sa parole, et exigeait qu'elle se montrât fidèle à la sienne.

Il entourait Athalie de créatures à lui, chargées de la surveiller autant que de la servir.

Il connaissait le chiffre exact que ses amants dépensaient pour elle.

Les notes des fournisseurs passaient sous ses yeux.

Jamais marchand d'esclaves ne connut mieux ce que pouvait rapporter une traite habilement faite.

Jamais corsaire, après avoir mis sur un vaisseau le grappin d'abordage, ne fit plus rigoureusement les parts.

Les jours de règlement de comptes, Athalie avait des accès de rage folle qu'elle comprimait avec une peine infinie.

Son impuissance l'exaspérait.

Elle ne pouvait révéler la conduite d'Octave sans se perdre.

Qu'il fût, lui, plus ou moins décrié, cela lui importait peu, il n'en était plus à ce point de naïveté d'attacher à la considération un prix énorme.

Mais elle !

Que le prestige de ses feuilletons disparût, et tout était perdu pour elle.

Elle expiait durement les fautes qu'elle commettait.

Octave sentit bientôt non-seulement que sa maîtresse ne l'aimait pas, mais encore qu'il lui inspirait une vive répulsion.

Comme Athalie n'était pour lui qu'un moyen et que les grands airs de madame de Monval l'ennuyaient, il se dit qu'il était bien stupide de ne pas chercher de distractions dans ce monde de Paris si varié et si multiple, où plus d'une femme briguait sa protection.

Athalie devait boire les dernières humiliations de son calice.

Octave ne venait plus guère chez elle qu'aux heures où il savait y trouver beaucoup de monde. Elle ne regrettait point son absence pendant ses instants de liberté et de solitude, mais elle la remarquait.

Du reste, dans une union de ce genre, tout était possible : quand on commence par la lâcheté, on peut finir par le crime.

Madame Athalie de Monval était sous l'entière domination d'Octave Fabrician, quand la lettre de recommandation de madame Aurélia me fit entrer chez elle.

Je ne tardai pas à m'apercevoir que j'aurais

à regretter le changement qui s'opérait dans ma situation.

Mademoiselle Cendrinette et madame Aurélia n'avaient pas la sottise de se croire au-dessus de la situation qu'elles s'étaient faite, tandis que madame de Monval, femme de lettres de contrebande, chercheuse d'esprit en commandite, se pavanait dans l'esprit qu'un misérable semait autour d'elle.

Athalie se vengeait d'avoir été gouvernante en traitant durement ses domestiques.

Il fallait lui adresser la parole avec d'incroyables marques de respect. Mais un moment après, si elle étouffait sous son masque, si son rôle l'ennuyait à mourir, elle tutoyait sa femme de chambre et eût souhaité se jeter dans je ne sais quelles orgies pour se dédommager de la contrainte qu'elle s'imposait.

Au nombre des hommes qui fréquentaient le plus le salon de madame était un Anglais au teint légèrement basané, et dont la fortune s'était doublée aux Indes.

La passion qu'il éprouvait pour Athalie tenait

du culte qu'ont les Hindous pour les idoles de leur pays.

Madame le voyait; lasse au dernier point d'Octave, elle cherchait tous les moyens possibles de se débarrasser de lui d'une façon à la fois éclatante et avantageuse.

Quelque habile que soit un homme, une femme qui se mêle d'être rusée est toujours plus habile.

L'Anglais, le baronnet Stuttey, se mettait l'esprit à la torture pour trouver le moyen de plaire à ma maîtresse.

Madame avait simulé des dettes, il les avait payées; elle avait vendu son mobilier, il en avait racheté un plus beau; elle avait mis ses bijoux au mont-de-piété, sous le prétexte que la littérature nourrit avec peine ceux qui se dévouent à ce dieu infernal, il avait dégagé les diamants.

Ne trouvant point qu'elle en possédât assez, il lui acheta un jour une merveilleuse parure de brillants qu'il me chargea de remettre à madame après son départ.

Je connaissais trop l'âpreté au gain de ma

maîtresse pour lui faire attendre ce plaisir, et le baronnet était à peine sorti que je portai l'écrin de velours bleu sur les genoux de madame de Monval.

Elle poussa un cri de joie en voyant les diamants.

Absorbée qu'elle était dans la contemplation de ce collier, elle n'entendit point entrer Octave Fabrician.

Je l'entendis murmurer :

— Tiens ! le baronnet fait bien les choses !

Madame ferma vivement l'écrin.

Le regard qu'elle avait jeté sur Octave me donnait le plus vif désir d'apprendre ce qui allait se passer entre eux.

Je me blottis derrière la porte, et, je l'avoue, j'écoutai.

— Voilà des diamants qui arrivent à merveille ! dit l'écrivain.

— Les diamants viennent toujours bien pour une femme.

— A qui les vendrez-vous ? demanda-t-il froidement.

— A qui ? mais à personne...

— Comment! à personne!

— Sans doute, je les garde.

— Vous êtes donc bien riche?

— Non, mais enfin...

— Ce collier vaut environ cent mille francs...

— Je le pense.

— Vous en avez donc cinquante mille dans votre secrétaire.

— J'en suis loin; mais pourquoi?

— Pour me les donner.

— Cinquante mille francs!

— Eh! oui...

— Je ne vois pas...

— Comment! ma chère, aux termes de notre traité...

— Il n'a jamais été question des diamants que je pouvais recevoir.

— Cela semblait si rationnel...

— Et vous exigeriez...

— Positivement.

— Ah! dit-elle, vous êtes un misérable.

Octave se mit à rire.

— Des injures ne sont pas des raisons.

— Mais des témoignages de l'estime dans laquelle je vous tiens?

— De l'estime! s'écria Fabrician; mais, ma petite, à qui en as-tu aujourd'hui? Je te méprise, tu me méprises, nous nous méprisons, telle est la seule conjugaison qu'il nous soit possible de faire... Seulement, on peut n'être ni une vestale ni un gentilhomme, être même, je te l'accorde, un condottière de lettres et une courtisane ajoutant quelques plumes de paon au traîne de sa robe, et garder le respect de la parole donnée... Si les loups ne se mangent pas entre eux et si les voleurs ne se volent pas, raison de plus pour que des lascars comme nous soient honnêtes... Tu as juré de partager : nous partagerons...

Je regardai par le trou de la serrure, madame Athalie était blême.

— Que feras-tu? demanda Octave.

— Revenez demain! répondit madame.

— Je savais bien que tu serais enfin raisonnable, dit-il.

Un quart d'heure après il sortit.

Madame me sonna immédiatement.

— Annette, me dit-elle, passe chez mon tapissier, mon bijoutier et ramène ici milord Stouttey, tu entends?

Madame venait de prendre une résolution subite.

XII

Le bijoutier demeurait rue de la Paix, le baronnet rue Taitbout, le tapissier sur les boulevards.

Je marchais lestement, ayant compris d'instinct l'urgence de la situation, quand je m'entends appeler d'une voix affectueuse.

Je tourne la tête, c'était M. Fulgence.

Je rougis sans savoir pourquoi, mais j'oublie complétement que j'avais à faire des courses pressées, et je serre la main que le jeune avocat me tendait.

L'ancien amant de mademoiselle Cendrinette était certes plus beau encore qu'autrefois. Sa tête brune, toujours un peu pâle, avait un air sérieux tempéré par un regard bon et toujours honnête. Je jugeai à sa mise que sa situation s'améliorait. Il avait sa serviette gonflée de papiers, et l'on sentait que le travail occupait toute la vie de ce brave et courageux jeune homme dont l'existence avait failli être si rapidement et si cruellement brisée.

Il me donna des nouvelles de ses sœurs, et m'apprit que la plus jeune était sur le point d'épouser M. Léopold Hubert ; ils s'aimaient tous les deux, et n'attendaient pour s'unir qu'un succès au prochain salon.

— M. Léopold exposera donc ? demandai-je.
— Sans doute.
— Un paysage ?

Un moment après, M. Fulgence ajouta :

— Vois si je suis bien guéri, Annette, c'est le paysage de Thomery, tu sais... la clairière, les grands arbres, l' ctrice... et toi qui faisais un collier de marguerites... Pauvre enfant ! ajouta-t-il, je ne te regardais pas beaucoup... je ne voyais que l'autre... et l'autre m'a trahi, tandis que tu m'as sauvé de la mort... Plus d'une fois j'ai songé que je te devais tout : d'avoir revu ma mère, d'avoir repris goût au travail, et gagné ma première cause... Je me suis dit que je manquais de reconnaissance et de volonté,... que tu es bonne... et que le milieu dans lequel tu vis n'a rien enlevé à ton cœur... Alors, j'ai lu *la Daniella*, et j'ai pensé...

— Taisez-vous ! dis-je à M. Fulgence ; vous aviez sans doute un reste de fièvre quand vous faisiez ces projets-là.

— Non, Annette.

— Si, monsieur, et alors tant pis! car je la gagnerais peut-être, et vraiment je n'ai pas le temps de me soigner... Mes maîtresses m'occupent bien trop pour cela... Je tombe d'une rupture dans un mauvais ménage... Après avoir vécu de pain sec avec Aurélia quand elle *faisait* Galovitz, je me vois en train d'aider à une mystification dont pourrait bien être victime Octave Fabrician !

— Le critique ?

— Lui-même.

— Ta maîtresse le connaît ?

— Il fait les feuilletons de madame, touche

les honoraires et dîme sur tout ; aussi madame Athalie me paraît en avoir suffisamment. Je vais chez son tapissier, et je ne crois pas me tromper en vous affirmant que Fabrician sera joué, malgré toute sa finesse. Ce qu'il y a de malheureux, c'est que les changements de position de mes maîtresses me mettent toujours sur le pavé... Si elles font fortune, elles me renvoient pour n'avoir point devant les yeux un témoin de leur ancienne misère... Si elles tombent dans la *dèche*, mes services leur deviennent inutiles... Je n'aurai bientôt plus qu'une ressource, monsieur Fulgence, celle de vivre paisiblement de mes rentes.

— Ce n'est pas si maladroit.

— J'ai peur de m'ennuyer... Elles sont drôles, mes maîtresses, et, comme je suis bonne fille, elles m'aiment autant qu'elles peuvent aimer... Je ne prouve guère à cette heure mon dévouement à madame Athalie... Vous me retenez à causer... Mais aussi, il y a longtemps, bien longtemps que je ne vous avais vu...

— Ma mère attend votre visite, Annette.

— Au revoir, monsieur Fulgence !

Décidément, il fallait courir pour rattraper le temps perdu.

Le tapissier me promit d'être chez madame dans une heure.

Le bijoutier, espérant conclure un bon marché, ne devait pas davantage se faire attendre.

Restait milord Stuttey.

Je montai chez lui.

Je trouvai le gros Anglais aussi défait que possible et plongé dans un véritable chagrin.

— Annette, me dit-il, c'est elle qui t'envoie?

— Oui, monsieur.

— J'allais lui écrire... lui écrire que tout est fini pour moi, elle me rend extrêmement malheureux... Je lui ai offert toute ma fortune si elle voulait m'aimer, eh bien...

— Eh bien, milord?

— Elle ne m'aime pas.

— Je crois que milord se trompe.

— Je ne me trompe jamais.

— Cependant, si milord me permettait de lui dire...

— Quoi?

— Que ma maîtresse est désespérée...

— Désespérée! qui a fait son désespoir?

— Je ne sais, milord, mais madame fait des préparatifs.

— Et moi aussi!

Et l'Anglais prononça ces mots d'une voix lugubre.

— Eh! bon Dieu! milord, m'écriai-je, voilà qui est de la folie, madame se jettera dans la Seine, et voilà un beau résultat quand vous pourriez être si heureux.

— Heureux, non!

— Heureux, si vous l'aviez voulu.

— Que fallait-il faire?

— Ah! mon Dieu, il me semble qu'il y avait un moyen bien simple.

— Lequel?

— Madame est jeune, belle, courtisée; sa position est d'autant plus difficile qu'elle possède plus de talent et d'esprit; vous deviez comprendre cela, et lui offrir, non pas de faire sa fortune, car sa plume suffirait amplement, mais de lui donner un protecteur dans le monde officiel, et de changer pour elle l'amant en mari.

— Elle ne voudrait pas!

— Ah! milord.

— Je ne suis pas seulement malheureux, Annette, je suis jaloux.

— De qui?

— De tout le monde.

— C'est trop pour être sérieux.

— Et du journaliste...

— M. Octave?

— Oui. Il aime ta maîtresse.

— Peuh!

— Elle l'aime!

— Ah! pour cela, je jure que non.

— Elle le reçoit tous les jours.

— Ce n'est pas une raison.

— Pour moi, c'est une preuve!

— Ah! milord, pardonnez-moi ma franchise, mais je trouve que les femmes de chambre ont mille fois plus d'esprit que les baronnets.

— Explique-toi, Annette, explique-toi... mais sois brève... je me suis accordé jusqu'à ce soir encore.

— Milord, vous savez que il signor Fabrician fait le feuilleton d'un journal avec un certain succès... De plus, sa position lui permet de voir dans l'intimité tous les artistes, de se glisser dans les coulisses, et d'apprendre ainsi tous les détails de la vie intime de la plupart de nos célébrités de théâtres. Ce qui est facile à M. Fabrician ne l'est pas à madame... Elle entend l'opéra ou voit le drame du fond de sa loge, se contente d'analyser et de juger, et voilà!... tandis que c'est bien autre chose avec Octave... Aussi, quand madame doit faire un article, cause-t-elle toujours beaucoup avec lui, afin d'apprendre des nouvelles qu'elle ne peut connaître par elle-même...

— Tu crois, Annette?

— J'en suis sûre.

Le baronnet réfléchit profondément.

— De sorte que ta maîtresse ne pourrait écrire ses spirituels articles sans ce damné Octave?

— Non, monsieur.

— Et ta maîtresse tient beaucoup à son feuilleton?

— Milord doit le comprendre.

— Combien gagne-t-elle par année?

— Environ cinquante mille francs et des cadeaux.

— Et si je lui en offrais autant pour ne plus écrire?

— Cela formerait équilibre d'argent.

— Eh bien?

— Milord oublie la gloire, la réputation de femme d'esprit, tout ce qui attire, charme et appelle les hommages...

— Tu as raison, Annette, il faudrait compenser tout cela, et par quoi, mon Dieu?

— Si j'osais...

— Ose! Dans ce moment, tu peux tout dire.

— Un contrat de mariage...

— Un contrat!

— Oui, milord...

— C'est impossible, tu le sais bien.

— Milord n'aime pas assez madame...

— Elle me refusera!

— Je ne le crois pas.

— Tu veux me consoler, Annette, tu es une bonne fille, mais tu te trompes.

— Je sais que madame est désolée, que je viens de prévenir le tapissier d'avoir à se rendre tout de suite chez elle, et que je prévois une catastrophe... Il n'en coûterait pas beaucoup à monsieur le baronnet d'essayer... Il aurait toujours le temps de se tuer ce soir... Seulement, que milord se hâte.

— Je pars, je cours, je l'épouse et je l'emmène !

— Eh bien ! et moi, monsieur ?

— Je te ferai une rente... Je serai à l'hôtel en même temps que toi ; tu es une bonne fille...

Je pris une voiture, et vingt minutes après, j'entrais chez madame Athalie.

Je lui fis connaître le résultat de mes courses.

Quand je lui appris de quelle manière j'avais disposé ce baronnet, elle me sauta au cou.

— Tu n'es pas seulement une fille d'esprit, mais une fille de cœur, me dit-elle. Je me vengerai d'Octave d'une façon sanglante. Il sera joué comme le dernier et le plus méprisable des hommes... L'argent auquel il tient tant lui échappera en même temps que moi.

Au même instant on sonna ; c'était le tapissier.

Madame vendit son mobilier en bloc; elle perdait environ la moitié de ce qu'il avait coûté; mais, dans la joie qu'elle ressentait, elle l'eût, je crois, livré pour moins encore. Elle s'en réservait seulement encore la jouissance pour trois semaines.

Le bijoutier précéda le baronnet d'une minute.

Milord le reconnut et se borna à lui dire :

— Il faudrait pour madame une magnifique parure de perles; apportez-en à choisir demain.

J'introduisis le baronnet.

Madame était pâle; évidemment elle avait eu le temps de mettre un peu de blanc; le mouchoir qu'elle pétrissait dans ses petites mains était tout humide. On eût dit qu'elle avait beaucoup pleuré.

Elle accueillit le baronnet avec un sourire mouillé de larmes.

Le pauvre homme s'approcha d'elle et lui baisa la main avec un respect touchant.

Madame mit son mouchoir sur ses yeux et éclata en sanglots.

Le baronnet tomba à genoux, écarta les mains

de madame Athalie, et lui parla bas et doucement.

Peu à peu le visage de madame s'éclaira ; elle regarda l'Anglais avec une expression de joie soudaine, puis elle secoua la tête comme pour chasser une pensée qui ne pouvait être qu'un rêve.

Enfin, milord déploya une éloquence si persuasive, il se montra si bon, si dévoué, si généreux ; il regretta si amèrement de la priver du succès qu'elle obtenait par ses articles et de ne pouvoir lui donner que son nom et son titre en échange ; il énuméra si bien sa fortune, le nombre de ses châteaux, de ses titres ; il fit miroiter tant de parures et de dentelles ; il parla surtout si longuement et si chaleureusement de sa tendresse, du désespoir qui l'avait saisi, du spleen auquel il n'eût échappé qu'en se suicidant, que madame lui tendit la main :

— Je serai votre femme, lui dit-elle, et je vous rendrai heureux.

— Après notre mariage, nous partirons pour Londres, dit milord Stuttey.

— Volontiers.

— De là nous irons en Italie.

— Où vous voudrez.

— Puis nous reviendrons à Paris...

— Si cela vous fait plaisir.

Milord passa deux grandes heures avec madame, puis il se retira le ciel de Mahomet dans le cœur.

Ma maîtresse était radieuse.

Les succès obtenus par ses feuilletons ne lui avaient jamais procuré que des satisfactions incomplètes. Elle était trop intelligente pour ne pas rougir du subterfuge qu'elle employait; le partage qu'elle faisait de ses bénéfices lui soulevait le cœur de dégoût, et réellement elle se trouvait heureuse de sortir de ce cloaque et de faire perdre à Octave une proie dont il tirait de si beaux revenus.

Le lendemain, à l'heure où le signor Fabrician devait venir, on eut ordre de répondre que madame était sortie.

Octave revint deux fois, sans être reçu

Il écrivit une lettre insolente sans doute, car madame la froissa, en fit une boule et la jeta au feu.

Je connaissais assez la sauvage nature de Fabrician pour redouter de sa part une éclatante vengeance si madame rompait brusquement avec lui.

Elle comprit mes craintes ; puis, le jour où le feuilleton devait paraître arrivait, et les épreuves étaient exactement envoyées à madame.

Octave fut reçu.

Madame Athalie lui donna pour unique raison que, n'ayant pu vendre encore son collier, elle craignait un reproche de sa part... Le bijou était, disait-elle, chez son joaillier, qui devait chercher à le placer le plus avantageusement possible.

— D'ailleurs, ajouta madame de Monval, vous n'êtes pas jaloux, et quand vous trouvez ma porte fermée, cela ne vous émeut guère.

Tous deux se battirent littéralement à coups d'épigrammes.

Octave devinait qu'on tramait quelque chose contre lui, mais il cherchait vainement à comprendre le but d'Athalie.

Il croyait trop l'avoir mise d'une façon complète sous sa domination pour penser qu'elle l'abandonnerait. D'ailleurs, l'idée d'un mariage ne lui venait pas. Il fallait être le baronnet pour prendre madame au sérieux et en faire une lady.

Il n'y eut donc pas d'explication orageuse entre Octave et madame de Monval.

Seulement, Fabrician flairait un danger.

Je savais qu'au bout de trois semaines, madame, ayant épousé lord Stuttey, partirait pour l'Angleterre. J'avais donc à me pourvoir d'une place. En y réfléchissant, je me disais que mes gages chez ces dames étaient sans doute fort élevés, mais que rien n'était stable dans ma position, et que les diverses cascades de leur vie me mettaient tantôt en haut tantôt en bas.

Le mariage de madame nécessitant l'achat d'un trousseau et d'une corbeille, car l'amoureux Anglais faisait toujours parfaitement les choses, j'eus besoin de me rendre dans la journée chez la couturière de madame.

C'était une femme d'une bonne famille de province, dont les parents avaient éprouvé une longue suite de revers, et qui s'était mise courageusement au travail. Son goût exquis et sa distinction n'avaient pas tardé à lui procurer

14.

une riche clientèle. Elle était même difficile sur son choix, et je doute qu'elle eût consenti à habiller madame, la prenant simplement pour une femme galante. Mais madame jouissait amplement des prérogatives que lui donnait son feuilleton de théâtre. Il faut lui rendre cette justice, qu'elle payait, du reste, exactement.

Le trousseau qu'elle commandait s'élevait à quarante mille francs.

Les dames qu'habillait madame Rimbaud étaient Russes pour la plupart.

Elle avait connu la *dame aux perles* et lui avait vendu ses plus coquettes parures.

Je me recommandai donc à elle pour avoir une place dans sa clientèle.

— Vous avez du bonheur, me répondit-elle, la comtesse Sacha Rodonoff m'a demandé une femme de chambre. Présentez-vous de ma part. Je donnerai les meilleurs renseignements, et je crois, du reste, que vous les méritez.

— Et quelle femme est la comtesse Rodonoff ?

— Une blonde rieuse, folle, aventureuse, qui jette son cacohnik par-dessus les moulins et vient à Paris pour faire de la diplomatie amoureuse. C'est une grande dame, et une très-grande dame, reçue partout à Saint-Pétersbourg, ne manquant jamais un des bals de la noblesse, possédant un palais d'été aux Iles et un hôtel sur le canal de la Moïka ; une petite personne enveloppée d'hermine des pieds à la tête, svelte, fine, qui ne vous surveillera pas beaucoup et à qui vous plairez infiniment... Tenez, voulez-vous vous charger pour elle de ce petit carton? elle en attend le contenu avec impatience : il vous servira d'introduction.

Je pris le carton et l'adresse, et je me rendis chez la comtesse Sacha Rodonoff.

Elle était visible pour moi.

Je la trouvai debout dans sa chambre, vêtue d'un brouillard de batiste garni de dentelles et de nœuds de rubans, et d'une robe de chambre en satin coupée droite comme une tunique chinoise et ouverte comme les robes de cérémonie que les Javanais mettent en réserve pour le jour où ils se battront en duel.

Je montrai la coiffure que contenait le carton, et je dis à la comtesse que madame Rimbaud pouvant fournir les meilleurs renseignements sur mon compte, je désirais entrer chez elle en qualité de femme de chambre.

Elle me toisa des pieds à la tête et commença mon interrogatoire :

— Quel âge as-tu ?

— Vingt-cinq ans.

— Que sais-tu faire ?

— Broder, coiffer, habiller.

— As-tu un amant ?

Je rougis.

— Je te demande cela, ma petite, parce que l'on m'a prévenue que toutes les jolies filles de Paris en avaient un. Non ? tant mieux... Es-tu sans place ?

— Pas encore, madame la comtesse.

— Pourquoi quittes-tu ta maîtresse ?

— Madame part pour l'Angleterre.

— Et tu n'aimes pas l'Angleterre ?

— Pardon, madame la comtesse, ce sont les Anglais que je n'aime pas.

— Et les Russes ?

— J'ai entendu dire que c'étaient des Parisiens du Nord.

— Tu me conviendras... Quand peux-tu entrer chez moi ?

— Dans quinze jours.

Je rentrai enchantée.

Madame de Monval m'ayant fait le reproche d'avoir été un peu longtemps, je lui avouai que j'avais profité de la bonne volonté de madame Rimbaud pour me pourvoir d'une place. Elle ne trouva pas extraordinaire que je cherchasse une position quand elle acceptait un mari.

Le temps marchait.

Le baronnet et ma maîtresse firent afficher les bans à la mairie, et les gens de l'hôtel ne l'apprirent pas.

Il ne restait plus que quelques jours avant la célébration du mariage.

Octave reparla encore du collier. Il se rendit chez le bijoutier, reconnut les diamants, et n'osa pousser l'effronterie jusqu'à demander un renseignement précis.

Il apporta son feuilleton à madame, en la priant de l'envoyer sur-le-champ au bureau du journal.

Madame le promit.

Mais à peine l'écrivain fut-il parti qu'elle écrivit rapidement quelques lignes, cacheta une grosse enveloppe, et envoya le valet de chambre porter cette lettre.

C'était sa démission de feuilletonniste.

Octave arriva le lendemain pour corriger les épreuves.

Il va sans dire qu'il n'en trouva point.

Madame se plaignit de l'inexactitude des imprimeurs et promit d'envoyer.

Octave ne se contentant point de cette assurance, passa chez l'imprimeur et demanda des nouvelles du feuilleton, réclamant immédiatement le *placard* pour madame de Monval.

— Nous n'avons rien reçu, répondit le prote.

Fabrician courut au journal.

Il trouva le rédacteur en chef dans la consternation.

— Conçoit-on madame Athalie de Monval? s'écria-t-il. Au moment de paraître, elle nous expédie sa démission de critique de théâtre en deux lignes !

Octave ne comprenait pas.

— Comment, sa démission !

— Voyez.

— C'est indigne !

— Oh ! je n'aurais pas cru cela d'elle, reprit le directeur, car, enfin, elle me laisse dans un grand embarras... Vous serait-il possible de m'en tirer pour cette semaine, en attendant que je me sois pourvu d'un critique !... Ces femmes, quand elles sont jolies, font toujours des coups de tête ! On aura beau faire, quelque ennuyeux que soient les hommes de lettres, on en aura encore plus vite raison que des femmes qui écrivent ! Voyons, monsieur Fabrician, que pouvez-vous faire pour moi ?

— Mais, quelque chose de bien simple, répondit-il, la décider à vous expédier son article dans deux heures.

— Si vous réussissez à cela, vous êtes un homme charmant.

Octave partit comme un trait, sauta dans sa voiture et arriva chez madame dans un état d'irritation tellement violent, que j'eus presque peur.

— Où est ta maîtresse? me demanda-t-il brusquement.

— Au salon, monsieur...

— C'est bien...

— Pardon, monsieur, dis-je en me plaçant au-devant de lui, je ne sais si je dois...

— Me permettre d'entrer?

— Mais, oui...

— Pourquoi?

— C'est que... il y a beaucoup de monde ce soir...

— Beaucoup de monde!

— Et votre toilette n'est guère de cérémonie... Tous ces messieurs sont en habit et en cravate blanche.

— On ne m'avait pas prévenu.

— Madame sait que monsieur vient toujours...

— Sans doute, je viens, mais en paletot, comme ce soir, et tu vois que je ne suis guère présentable.

— Et puis je crois que monsieur ferait mieux de ne pas entrer.

— Ah çà! mais tu me donnes à deviner des

charades... Ta maîtresse n'a point envoyé le feuilleton : je viens lui dire qu'il le faut tout de suite, tout de suite... Charge-toi de la commission, alors...

— Le feuilleton ! Ah ! monsieur peut bien en faire son deuil. Madame signe aujourd'hui un papier qui ne lui permettra plus d'écrire jamais le nom d'Athalie de Monval.

— Un papier ! quel papier ? Parleras-tu ?

Je n'étais pas fâchée de me venger un peu de M. Octave, qui avait rendu ma maîtresse malheureuse et me paraissait un plus franc coquin que les bandits de son pays qui attendent les voyageurs sur la grande route pour les détrousser. Aussi pris-je mon temps pour lui répondre avec un sourire bien rempli de malice :

— Mais... son contrat de mariage, monsieur.

Il se frappa le front.

— Je suis joué ! joué !

Puis, avant que j'eusse pu l'en empêcher, il pénétra dans le salon.

Je m'attendais à voir se passer une scène épouvantable, et, me cachant derrière la portière qui masquait l'entrée du boudoir, j'observai tout sans être vue.

Octave était pâle de rage.

Son entrée subite fit sensation.

Madame, debout auprès d'une table, écrivait tranquillement.

Elle tendit la plume au baronnet.

Il signa.

Alors seulement madame feignit de reconnaître le feuilletoniste.

— Vous venez bien tard? lui dit-elle.

Lord Stuttey regarda ce coquin en face d'un air de défi si froid et si calme, que Fabrician, lâche autant que méprisable, dévora sa rage et balbutia quelques mots d'excuse.

L'Anglais le prit à part.

— Vous avez fait trop de visites chez madame de Monval pour que lady Stuttey puisse vous recevoir désormais, monsieur ; si vous avez quelques explications à demander à son mari, il sera prêt à vous les donner demain.

Octave ne voulait pas se battre.

Il tenta de faire bonne contenance pendant quelques instants, puis il se glissa hors du salon.

— Vipère! me dit-il en quittant l'antichambre.

Le lendemain, madame de Monval se mariait à la mairie, à l'ambassade, à l'église, au temple; il semblait à l'honorable Stuttey qu'il ne serait jamais assez le mari de sa femme.

Deux jours après, elle partait pour l'Angleterre, me payant largement mes gages et y ajoutant une belle bague.

Je me trouvais libre, enchantée à l'idée de prendre vingt-quatre heures de congé avant d'entrer chez ma comtesse russe.

Ces vingt-quatre heures, j'en voulais passer une partie chez madame Hériot.

M. Fulgence l'avait prévenue, et l'on comptait sur moi.

Je trouvai la digne femme un peu triste, l'aînée de ses filles gaie comme une enfant qui aime, la cadette insouciante encore.

On me fit l'accueil que l'on réserve aux anciennes amies.

Je ne vivais réellement par le cœur que dans cette honnête maison. Là, j'osais parler de mon brave homme de père et de Pinson, si stupide, mais si fidèle qu'en le comparant à Octave, à

Gaspard ou à quelques-uns des hommes que j'avais vus chez mes maîtresses, je me sentais prise pour lui d'une estime si grande qu'elle ressemblait à de l'affection. Je ne pouvais aimer d'amour personne, ou ceux que je me serais sentie disposée à aimer ne devaient jamais le savoir. Souvent, quand je faisais des projets d'avenir, je n'en voyais d'autre que de mourir vieille fille en faisant un peu de bien autour de moi. La tristesse de madame Hériot me navra ; je lui en demandai le motif. Elle hésitait beaucoup à me répondre. Enfin, me prenant la main :

— Annette, me dit-elle, je te dois la vie de Fulgence ; c'est bien le moins, n'est-ce pas, que je te témoigne une confiance entière. Seulement, pauvre chère fille, tu ne peux rien à mon chagrin ; et quand on aime, c'est un grand crève-cœur que de se sentir frappé d'impuissance...

— Voyons, madame Hériot ; cela vous soulagera du moins un peu de me confier ce qui vous oppresse.

— Il s'agit de Fulgence.

— Je l'ai déjà deviné.

— Malgré le succès de sa première affaire, que, grâce à tes soins, ma bonne Annette, madame Aurélia lui avait donnée, et comme mon cher enfant craignait qu'il lui fallût trop de temps avant d'arriver à se former une clientèle, il est entré chez un avoué, où il gagna l'indispensable la première année; puis, progressivement, on l'a augmenté, et le voilà premier clerc. Une belle position, Annette! mais une position qui conduit à tout ou ne mène à rien. S'il avait de l'argent pour payer une étude, certes, son avenir serait beau! Mais je ne possède qu'une cinquantaine de mille francs, que je dois, en bonne mère, partager également entre mes trois enfants. Je marie Célestine à M. Hubert, dans un mois, et je donne dix mille francs pour les frais d'installation. Mais quand je sacrifierais tout le reste pour Fulgence, ce ne serait point encore assez pour acheter une étude et le mettre à même de se faire une fortune.

— Cela coûte donc beaucoup d'argent, une étude?

— Ah! ma pauvre enfant, je ne t'ai pas tout dit encore : M. Lormel, chez qui Fulgence est premier clerc, a une fille de dix-huit ans, assez jolie, bien élevée, ni sotte ni spirituelle, bonne, pieuse, et qui ferait, je crois, une excellente femme. Le père aime Fulgence, mademoiselle Léonice l'adore ; mais, malgré l'affection du père, la protection de madame Lormel et l'attachement de la jeune fille, il ne peut y avoir d'union possible si le pauvre Fulgence ne peut acheter l'étude ou du moins en payer une partie.

— Et ce mariage rendrait-il M. Fulgence heureux ?

— Je l'espère. Tu me demandes cela, Annette, à cause de cette actrice qui l'a indignement trompé et pour laquelle il a voulu mourir ; mais, crois-le bien, mon enfant, les hommes se guérissent de ces folies et sentent le besoin de s'attacher sérieusement à une femme qui les aime, leur donne une famille et leur crée un intérieur.

— Non, dis-je en balbutiant un peu, je me demandais si, depuis cette époque, M. Fulgence ne s'était attaché à personne...

— Personne, Annette ; il ne nous quitte jamais, et quand il pense à une autre femme qu'à moi et à ses sœurs, c'est de la bonne petite Annette qu'il parle, celle qui cassa si bien les carreaux de sa mansarde et le soigna comme une sœur de Charité.

Je poussai un soupir.

— Vous souvenez-vous, madame Hériot, comme il nous regardait doucement pendant que nous entourions son lit?

— Et l'étudiant son voisin? quel gentil garçon! Il est reçu docteur, et nous soignera quand nous serons malades... Nous n'en avons pas encore eu le temps, mais si le chagrin venait...

— Il ne viendra pas, madame.

— J'en ai cependant peur, Annette.

— Et si l'on payait l'étude de M. Fulgence.

— Payer son étude! mais tu n'y songes pas, Annette! Il faudrait une somme folle, une fortune : deux cent mille francs.

Je réfléchis.

— Madame, dis-je, je connais un brave homme qui cherche à placer ses économies. Que M. Fulgence accepte les cent mille francs qu'il possède; il les rendra quand il pourra, et vous serez tous heureux! Allez, c'est encore le pauvre homme qui sera le plus content! Et puis, vous prierez pour Annette, vous direz bien à monsieur Fulgence... Non, vous ne lui direz rien! mais vous, acceptez pour lui, afin de ne pas me faire de la peine; pour mademoiselle Léonice, qui l'aime et qui mérite d'être aimée; pour ses sœurs, qui veulent bien me témoigner de l'amitié et oublier que je suis une pauvre femme de chambre.

— Tu es la meilleure des créatures que je connaisse! répondit madame Hériot en me tenant dans ses bras.

En ce moment, le pas de M. Fulgence retentit sur l'escalier.

— Pas un mot devant lui! dis-je à sa mère. C'est M. Benoît qui prêtera l'argent; on vous l'apportera chez vous!

Je passai une triste et bienheureuse soirée.

Comme je souffrais, et cependant quelle joie amère j'avais au cœur!

En quittant la famille Hériot, j'eus peine à refouler mes larmes: les jeunes filles m'embrassèrent, Fulgence me pressa la main; je partis, dans la crainte d'éclater en sanglots.

XIII

Quand on entre dans une nouvelle maison, on reste toujours inquiète et comme dépaysée pendant plusieurs jours. Il faut connaître l'humeur de madame, ses goûts, ses manières, ses habitudes ; savoir à quelle heure elle s'éveille, comment elle veut son bain, ce qu'elle désire à son déjeuner, combien elle fait de toilettes par jour, quels sont les hommes que l'on doit faire attendre au salon et ceux qui passent par le boudoir; connaître les cachets de certaines lettres et les remettre avec un empressement dont madame rougit, mais dont elle vous sait gré. Ne rien voir et tout observer. Deviner lorsque madame dit :

— Habillez-moi! si elle veut une toilette qui la couvre ou une parure qui la déshabille.

Il faut prendre champ comme pour un duel.

La situation d'une femme de chambre devient encore plus difficile quand elle quitte les Parisiennes pour venir chez des étrangères.

Il est vrai que, au titre près, rien ne ressemble plus à une femme galante de Paris qu'une *princesse de passage* arrivant de Russie.

La petite comtesse me plaisait.

Elle avait une fille de chambre russe qui ne connaissait pas un mot de français et un cocher russe qui conduisait merveilleusement.

J'ai toujours entendu dire qu'il était de bon ton d'avoir des cochers anglais; je ne comprends pas cette mode, car le cocher russe mène plus vite et représente pour le moins aussi bien avec sa touloupe ample et fourrée en hiver, et son bonnet soyeux qui lui cache le front.

La fille de chambre s'appelait Natache et le cocher Ivan.

Les suivantes russes manquent de goût et d'invention ; Natache ne pouvait suffire à madame, mais elle n'était pas fâchée de la garder, afin de lui donner certains ordres concernant des affaires que je ne devais sans doute pas pénétrer.

Le nom de ma maîtresse, le luxe qu'elle affichait, sa beauté incontestable attiraient chez elle tout Paris.

Madame Rodonoff avait le teint pareil à une porcelaine de Chine éclairée en dedans, un teint doucement lumineux que je n'ai vu à personne. Joignez à cela de grands yeux bleus, étonnés, enfantins, naïfs; des cheveux soulevés, ondulés, frisés, toujours en désordre, quelque soin que l'on mît à les peigner; des épaules pétries dans de la neige, des pieds d'une petitesse extrême, et une main qui était sans rivale.

Elle avait l'esprit vif, la repartie fine, la souplesse d'intelligence la plus rare, un grand art pour cacher ses impressions, une rouerie de diplomate, enfin une si grande quantité de qualités et de défauts, qu'il fallait passablement de temps pour débrouiller cet écheveau de soie.

Je n'eus point la prétention d'y réussir tout de suite.

Je me mis sérieusement à l'étude.

Rieuse quand madame était de bonne humeur, je reprenais ma gravité dès que je voyais une ombre sur son joli visage.

Madame se levait à midi.

Elle se mettait au bain.

Ce bain, parfumé d'après des recettes spéciales, embaumait comme un parterre de lis au mois de mai.

Puis on enveloppait madame dans un peignoir de laine fine, et on lui faisait les douces frictions dont les bains russes sont toujours accompagnés.

Ensuite elle demeurait étendue sur son lit, plongée dans un demi-sommeil, dont elle sortait un peu quand je lui servais une tasse de thé brûlant, du vrai thé de caravane acheté pour elle à la foire de Nijni.

Elle le savourait lentement, tout en lisant sa correspondance du matin. Quand elle était bien lasse, et que l'écriture d'une lettre lui était complétement inconnue, elle me la tendait, et je la lisais.

Le plus souvent, ces lettres contenaient des déclarations d'amour.

En écoutant les unes, madame faisait une petite moue de sa bouche rose; en entendant les autres, elle souriait.

Quand la déclaration était d'un poëte, tendre comme une romance et brûlante comme un poëme, elle la mettait de côté pour former un volume, en compagnie d'autres plus ou moins amoureuses.

Jamais, cependant, elle ne me donna à lire les graves lettres qu'elle recevait de Russie et que je reconnaissais à leurs cachets et à leurs estampilles.

Je mettais dans un des côtés du buvard les lettres auxquelles madame devait répondre; je jetais dans une corbeille celles qui lui étaient inutiles.

Ce travail fini, la théière vide, la comtesse Sacha passait un peignoir et se mettait à écrire.

Elle écrivait bien autrement que madame de Monval, qui passait pour faire de si jolies choses.

Quand madame s'occupait de sa correspondance, elle n'était visible pour personne.

Parfois elle y passait deux heures.

Lorsque les pages de fin papier étaient remplies, la comtesse sonnait Natache, qui prenait la grosse lettre et la remettait à Ivan, lui faisant en russe des recommandations expresses.

Quelque confiance que madame parût avoir en moi, elle ne me chargea jamais de mettre une de ses lettres à la poste.

Je me demandai pendant plusieurs mois à qui elle pouvait écrire ainsi.

Ce n'était pas à son mari, car elle le traitait trop en *mari* pour cela.

Ni à son père, car elle ne semblait guère aimer que sa jolie petite personne.

Sa mère était morte et elle était fille unique.

Ni à un amant, car un amant auquel on écrit tous les jours est un homme sincèrement adoré; et je pouvais déjà jurer que celui que préférait madame n'habitait pas la Russie.

Je commençais à me trouver à même d'exercer mon talent d'observation.

Il va sans dire que madame recevait beaucoup de Russes.

Cependant je crois qu'elle préférait les Français.

Elle causait beaucoup, avec facilité, légèreté, effleurant tout, demandant à chacun son opinion, s'occupant de politique plus que ne le font d'ordinaire les femmes, et mettant à tout propos la question de la Pologne en jeu.

Elle affirmait que, quoique femme d'un Russe, elle gardait toutes ses sympathies à la Pologne, dont sa mère était originaire, et partait de là pour faire des phrases magnifiques sur la liberté.

Elle poussait si loin l'enthousiasme, qu'elle commanda, chez un bijoutier du boulevard, des faux en argent, merveilleusement montées, et dont elle fit un soir cadeau à quelques-uns de ses amis russes qui venaient le plus assidûment chez elle.

C'était sans doute afin de se rendre compte de ce qu'elle aurait à payer chez le bijoutier, qu'elle écrivit cette note que je trouvai le lendemain :

« *A surveiller comme suspects :* Ludmilloff, Brouski, Kercheff, Narinski, Orsaf, Muschieff, Numouwski. » Les noms étaient écrits en encre rouge. Plus bas elle ajoutait : « Total, 7 faux polonaises, à faire entrer en compte. — Restent fermes dans leur foi aux doubles aigles noires : le prince Kamoki, le comte Vorouzof, Buctef et Ramoloff. »

Cette note m'intrigua.

Pourquoi suspectait-elle ceux qui lui avaient donné une preuve d'amour en acceptant de sa main pour la placer à leur cravate la faux, emblème de l'insurrection ?

Mais bah ! je ne sais pas après tout pourquoi je me serais alors tant inquiétée des opinions politiques de madame, quand j'avais assez à faire en suivant du coin de l'œil ses fantaisies amoureuses.

En avait-elle, mon Dieu !

Et souvent ! et beaucoup à la fois !

Comme elle étudiait à fond la langue française, cette blonde, frêle et mince comtesse Sacha Rodonoff !

Quand je dis la langue, et le cœur, donc !

Personne n'est plus affamé d'amour qu'une Parisienne, si ce n'est une Russe ou une Polonaise.

J'ai entendu dire un jour à Octave qu'un grand poëte d'Italie avait dit que celui qui n'avait pas eu une boiteuse pour maîtresse ignorait encore ce que c'est que l'amour ; mais je soutiens aujourd'hui, après avoir étudié la question, que celui qui n'a point possédé une fille du Nord ne connaît rien des faiblesses, des délires, des inassouvissements, des fureurs de la passion.

Ces femmes-là couvent des natures de panthères dans leurs membres aux chairs satinées.

Elles demandent à l'amour moins que l'amour, le plaisir ! mais ce plaisir est pour elles la grande question, la grande preuve, la grande nécessité de l'amour.

Elles préféreraient sans contredit Hercule ou Mars à Endymion ou Apollon.

Ma belle comtesse Rodonoff faisait ses études en conscience. Elle encourageait un romancier à l'eau de rose, charmant dandy aux cheveux blonds, aux yeux bleus, au doux sourire ; sa plus grande ambition était d'être prise par lui comme type et placée en héroïne dans un roman capable de rivaliser pour le succès avec cette fameuse *Dame aux perles* qui l'empêchait de dormir.

En même temps elle accueillait fort bien un secrétaire d'ambassade espagnol dont l'œil noir semblait lui promettre toutes ces sensualités d'une nature tropicale, raffinée par la vie européenne.

Cependant l'homme qu'elle recevait le plus souvent, celui pour qui madame était toujours visible, excepté à l'heure consacrée à sa correspondance, celui qui me paraissait avoir le plus de chances sérieuses, non pas d'être aimé, mais d'être autorisé à la compromettre, était le vieux marquis de Ruvenelle, un vrai gentilhomme, qui faisait la folie de l'adorer, et qui eût tout sacrifié pour elle.

J'avoue que je ne comprenais rien à cette préférence marquée de madame.

La position du marquis l'éblouissait-elle ?

Mais elle ne pouvait l'épouser ; et comme elle portait un grand nom russe et jouissait d'immenses revenus, il devait lui être parfaitement indifférent d'avoir pour amant un ministre ou simplement un joli garçon.

Il est vrai que la comtesse allait à la cour.

Mais le bras de M. de Ruvenelle ne lui était pas indispensable.

Je comprenais le secrétaire d'ambassade ; mais M. de Ruvenelle aux cheveux blancs m'intriguait comme un point d'interrogation à la moitié d'une phrase qui ne serait pas finie.

Il y avait bien d'autres choses qui me surprenaient dans la vie de la comtesse.

On a beau étudier l'existence parisienne, il n'est pas naturel de l'étudier au point de hanter les petits théâtres et de franchir le seuil des caboulots.

Madame faisait tout cela, je le savais.

Elle avait, comme on disait autrefois, des toilettes murailles.

Un fiacre l'attendait certains soirs à la porte. Ces jours-là, je l'accompagnais jusqu'à la voiture de louage.

J'entendais une voix jeune, timbrée, lui dire :

— Douchamaïa...

Elle répondait par un mot tendre que je ne comprenais pas davantage, montait en voiture et me disait :

— Annette, attends-moi seule.

Mais comme j'avais remarqué que les jours où madame sortait et où elle échangeait ce mot de passe étaient ceux où elle ne rentrait chez elle que fort tard, je me dis un soir que je pourrais bien profiter de ma soirée pour aller à un théâtre de fantaisie. Le jeune poëte qui écrivait à madame des vers qu'elle gardait si bien me donnait de temps en temps des billets, afin que je le fisse entrer quand ma maîtresse était là.

Le théâtre ! personne ne l'aime à Paris comme les femmes de chambre et les grisettes.

Je m'y rendis avec une ouvrière de madame Rimbaud qui avait, le matin même, apporté quelque chose à madame.

Nous avions d'assez bonnes places, et nous riions comme des folles, quand Frisette me dit :

— Regarde donc au fond de cette baignoire, à gauche...

— Eh bien? demandai-je.

— Tu ne reconnais pas la comtesse?...

— Quelle apparence?... à ce théâtre-ci?...

— Bah! me dit-elle, une grande dame russe va partout; leurs maris leur trouvent une fameuse éducation quand elles rentrent dans leur pays.

— Oh! tu te trompes, dis-je; bien sûr, tu te trompes.

En même temps une voix nazillarde cria près de nous :

— Archand de lorgnettes!

— Bah! dit Frisette, pour vingt sous, je me risque.

Elle regarda attentivement, et me passa ensuite les jumelles.

C'était bien la comtesse.

Elle causait tout bas avec un beau jeune homme blond que je ne me souvenais pas avoir vu chez elle.

— Crois-tu, maintenant?

— Oui, je crois.

— Mais quel est le jeune homme?

— Je l'ignore.

— Et tu te contentes de cela?

— Au fait, cela ne me regarde pas.

— Mais cela peut servir.

Dans un entr'acte, Frisette appela d'un signe un joli garçon de ses amis.

— Adolphe, lui dit-elle, je voudrais savoir le nom de ce beau blond qui est dans la baignoire, en face de nous, avec cette mignonne petite femme habillée de bleu !

— Frisette, dit le jeune homme, si tu me trompais?...

— Je ne te prierais pas de m'aider.

— C'est vrai.

— La dame est une grande dame, une très-grande dame, comme on dit dans la *Tour de Nesle*... et nous sommes curieuses de connaître le Buridan.

— Et que me donnerez-vous pour ma peine, ô Frisette ?

— Une boucle de cheveux ! dit-elle.

— Ange de mes rêves !

— Ah ça ! pas de romances ici, l'adresse, et venez me l'apporter demain au soir quand je quitterai le magasin.

Je ne pouvais plus en douter, c'était bien

la comtesse qui riait au fond de cette baignoire, avec un amoureux qu'elle cachait à tous les regards de ceux qui la connaissaient intimement.

Je me sentais aussi intriguée que Frisette.

Seulement je n'aurais jamais osé mettre ma curiosité en action comme elle.

Le spectacle étant près de finir, je sortis, laissant Frisette, que M. Adolphe ne pouvait manquer de reconduire et qui, d'ailleurs, était moins pressée que moi de rentrer.

Je montai dans un fiacre, et j'étais à l'hôtel bien avant la comtesse, qui rentra une demi-heure après, me demanda du thé et se déshabilla en fredonnant un couplet d'une décence hasardée.

Madame Rodonoff était assez coquette pour que les ouvrières de madame Rimbaud eussent souvent occasion de venir chez elle.

Du reste, je pensais bien que Frisette brûlait d'envie de me communiquer ce fameux secret.

Elle entra un matin avec une carte d'échantillons.

— Eh bien? demandai-je.

— Albert Duhamel, aspirant littérateur, bohème enragé, aimant la Closerie et l'arbre de Robinson.

— Ah! mon Dieu!

— Tu verras que quelque jour je danserai un quadrille avec ta comtesse.

— Entre vite! dis-je; madame sonne.

La comtesse était d'une charmante humeur.

Elle acheta tout ce que lui proposa Frisette.

Quant à moi, je me sentais réellement abasourdie.

Je n'en étais pas à mon premier étonnement.

Madame me dit un matin :

— Toute ma chaussure me déplaît, Annette; j'ai besoin de bottines.

— Comment les veut madame; j'en ferai apporter à choisir.

— Comment je les veux... Mais tu dois savoir, coquettes, cambrées; enfin, des bottines... Aide-moi donc...

— Mais je ne sais...

— Avec des lacets de couleur dessus; c'est joli cela!

— Mon Dieu! madame, c'est joli, si vous voulez, mais on ne les porte guère... c'est une chaussure risquée...

Madame se mit à rire.

— Une chaussure de grisette?

— Oui, madame.

— Bah! une comtesse Rodonoff peut bien en porter.

— Mais madame la comtesse est bien jolie, et si elle passe toute seule sur le trottoir avec des bottines pareilles... elle a un pied à se faire suivre...

— Tu crois?

— J'en suis sûre.

— Est-ce bien amusant d'être suivie?

— C'est selon, quand les hommes ont de l'esprit.

— En ont-ils souvent?

— Je ne crois pas, madame.

— L'on t'a suivie plus d'une fois?

— Sans doute.

— Eh bien?

— Cela m'ennuyait un peu, d'abord parce que je n'aimais pas ceux qui me suivaient, ensuite... Mais bah! madame est bien bonne de m'adresser de semblables questions... Je vais lui faire apporter des bottines, et tant pis pour les beaux jeunes gens qui se laisseront prendre à cette mince cheville.

On apporta des bottines.

J'oubliai vite cet incident et celui du théâtre. Mes affaires personnelles me préoccupaient un peu. On n'a pas oublié la promesse faite à madame Hériot de lui procurer une somme assez élevée pour payer une partie de l'étude de M. Fulgence.

Ceux qui ont lu mes mémoires, calculé le temps qui s'était écoulé depuis mon départ de Thomery et supputé le chiffre de mes profits chez des maîtresses plus belles que vertueuses, ne s'étonneront pas de voir que j'étais arrivée, grâce au prix de la lettre payée par Galowitz, à la générosité de Cendrinette, à l'adieu rempli de compensations de madame de Monval, à me voir à la tête d'une petite fortune personnelle.

Je réalisai tout.

Ignorante en affaires, j'avais confié le soin de mes intérêts à un brave homme qui n'abusait pas de ma position et arrondissait mon pécule avec un soin tout paternel.

Il avait nom M. Benoît.

On l'accusait d'être un peu juif, mais j'avoue n'avoir jamais eu qu'à me louer de ses procédés à mon égard et lui avoir gardé un bon souvenir.

Il fronça le sourcil quand je parlai de réaliser tout ce que je possédais.

— Mauvais système! me dit-il ; on ne doit jamais mettre tous ses œufs dans le même panier.

Ce qu'il redoutait le plus, c'était que je fisse ce sacrifice pour un amoureux.

Quand il sut que cette somme placée en son nom dans les mains d'un laborieux jeune homme payerait une solide étude d'avoué fournie par un riche beau-père, il commença à trouver mon idée moins mauvaise.

J'eus une contre-lettre, et M. Fulgence reçut la somme contre une obligation de payer en cinq années.

Le cher et studieux Fulgence ne pouvait comprendre quel intérêt subit il avait inspiré à ce vieillard usurier qui lui confiait cent mille francs à cinq pour cent d'intérêt, sans autre garantie que sa signature.

Madame Hériot en devina davantage. Sur le point de parler, elle s'arrêta cependant. Que désirait-elle? le bonheur de son fils, auquel elle croyait arriver par un mariage.

Si elle m'interrogeait, en apprendrait-elle plus que mon cœur n'en avait laissé échapper jusqu'à ce jour. Il lui faudrait alors renoncer à l'avenir de Fulgence, sans rien pouvoir pour mon bonheur.

Seulement, à partir de ce jour, elle me traita comme étant réellement de la famille.

Je ne demandai point quand Fulgence devait se marier : cela ne m'eût servi de rien, sans doute !

Seulement, et comprenant combien le cœur peut souffrir, j'écrivis à Pinson une grande lettre dans laquelle je lui parlais de notre enfance, du mur de chasselas et de la belle forêt.

J'ajoutais que quelque jour d'été j'irais le

surprendre, peut-être bien plus tôt qu'il ne le pensait...

Je revis M. Fulgence trois semaines après, dans une étude : je lui portais des papiers de la part de madame.

XIV

Je ne tardai pas à apprendre par Frisette que la blonde comtesse Rodonoff connaissait aussi bien Mabille que les Italiens, et Bullier que les bals officiels.

Elle avait deux existences parfaitement distinctes : l'une mystérieuse et qui rappelait un peu la vie de Cendrinette en partie double, l'autre au grand jour et dans laquelle s'étalait sa coquetterie.

Le marquis de Ruvenelle continuait à la voir avec la fidélité d'un amant et l'exactitude d'un gentilhomme.

J'ignore si madame avait recours à lui pour

des services délicats, mais, intriguée au dernier point sur le genre des relations qui pouvaient exister entre eux, je me promis de les observer et d'écouter au besoin pendant les longues heures de tête-à-tête qu'ils passaient ensemble.

Qui fut surprise? Ce fut la femme de chambre.

Madame, tranquillement assise dans son fauteuil, jouait d'un bout de pied avec sa mule de velours et questionnait adroitement, astucieusement le marquis, pour connaître les opinions venues de haut, les projets éclos à peine, les résolutions possibles.

Elle l'interrogeait entre deux sourires sur les hommes et les choses, demandait des portraits d'hommes politiques et des détails sur le personnel de certains salons.

Quand le marquis avait répondu, madame réfléchissait parfois, comme si elle prenait une note dans sa mémoire.

Je l'ai même vue un jour feindre d'avoir oublié de me donner un ordre et écrire rapidement un mot sur un carnet.

Si elle n'avait point complétement saisi l'explication donnée, elle faisait répéter, commentant à dessein, afin d'obtenir des conclusions nouvelles ou plus détaillées.

Toutes ces choses graves, elle les faisait légèrement, avec une aisance parfaite, capable de dérouter un homme comme M. de Ruvenelle.

Plus il lui avait apporté de détails, d'anecdotes, plus il savait de faits politiques et pouvait citer de mots sur les affaires du jour, plus le marquis était favorablement accueilli.

Il s'en apercevait, et trouvait parfaitement naturel que cette charmante petite femme d'une nature à demi orientale préférât entendre raconter des histoires à lire des gazettes.

Il y a des défauts qui vont merveilleusement aux femmes, et la paresse est de ce nombre.

M. de Ruvenelle aurait peut-être changé d'avis s'il avait su que, immédiatement après son départ, madame Rodonoff se mettait à son bureau et préparait le travail du lendemain.

Je remarquai en outre que madame n'expédiait guère ces graves lettres qu'après avoir vu le marquis.

Dès lors, je demeurai convaincue que la comtesse Sacha faisait deux choses à Paris : l'amour pour son compte et la politique pour celui de la Russie.

J'avais hâte d'acquérir une certitude.

J'étais entrée sous un prétexte dans la chambre de madame, pendant l'heure destinée à sa correspondance.

Beaucoup de petits papiers ressemblant à des notes étaient épars autour d'elle.

Elle achevait son travail.

— Vous m'enverrez Natache dans quelques minutes, me dit-elle.

Je prévins Natache ; mais cette fois j'eus soin de me trouver sur son passage.

Elle tenait, en sortant de chez madame, sa grosse lettre à la main.

J'avais une écharpe que j'allais porter à la comtesse. Je la jetai en riant sur la tête de Natache, et un coup d'œil me suffit pour lire l'adresse.

Madame correspondait avec le chef de la police russe.

Natache descendit en riant, et ne se douta même pas de mon indiscrétion.

Pour la première fois de ma vie, j'avoue que j'eus peur.

Ainsi, des hommes loyaux et francs, des comtes russes ou polonais venaient chez madame sans défiance, et leurs paroles, leurs gestes étaient répétées ou interprétés par madame.

Et elle ne se bornait pas à surveiller ses compatriotes, elle mêlait encore à ses infamies le marquis de Ruvenelle, qui, croyant avoir affaire à une femme du monde avide de s'instruire, curieuse, spirituelle, mais discrète, la tenait au courant de choses presque intimes du gouvernement, sans se douter du rôle infâme qu'elle lui faisait jouer.

Mes soupçons se réalisaient tous.

Qui sait même si ce beau jeune homme, cet Albert, dont la vaillante jeunesse se vouait à la lutte littéraire, ne serait pas un jour dupe et victime de cette sirène dont il ne connaissait peut-être pas le nom.

Trahir ma maîtresse me paraissait lâche.

Mais laisser le marquis de Ruvenelle s'enfoncer dans cette fange où il pourrait bien arriver qu'il laissât un jour son honneur me paraissait plus indigne encore.

Du reste, en fait de passions, il semble que l'on ne devrait jamais s'étonner et se mêler de rien; elles finissent toujours par s'anéantir l'une l'autre, soit après un temps plus ou moins long qui les use et les anéantit, soit brusquement, à la suite d'un choc violent.

Si bien que l'on se cache, à Paris, il arrive toujours que l'on est reconnu par quelqu'un.

La personne qui vous surprend est toujours la seule dont vous avez intérêt à ne pas être vu.

Si le marquis de Ruvenelle se montrait fort respectueux envers ma maîtresse, il n'en était pas moins violemment épris; et, en dépit de son âge, comptait recevoir, dans un temps plus ou moins éloigné, le prix d'une constance qui est le seul mérite plaidant en faveur des vieillards.

Elle lui devait cependant une autre reconnaissance.

Des bruits sourds circulaient sur son compte. S'ils n'avaient porté que sur sa réputation, la société dont la comtesse Sacha faisait partie n'eût fait qu'en rire à l'abri des éventails.

On sait parfaitement pourquoi la plupart des grandes dames russes viennent à Paris.

Quand elles ont eu à Pétersbourg quelques amours passagères avec un ténor en vogue ou un acteur de talent, quand elles ont coqueté avec les dignitaires de la cour, dont l'amour tourne dans le même cercle ; qu'elles ont eu assez de leurs terres, de leurs moujicks, de leurs parures que nul ne sait assez admirer, et de leurs diamants que tout le monde connaît, elles sont prises d'une envie folle de venir à Paris.

D'habitude, elles émettent seulement le vœu de passer un été aux eaux.

En Allemagne, en Belgique, n'importe où.

Les maris russes sont doux, indulgents, et quand ils les aiment, ils adorent leurs femmes.

La permission demandée se refuse donc rarement.

Le mari reste dans ses terres ou s'occupe de sa charge, et la jeune femme part, heureuse de secouer pour la première fois la neige qui couvre ses ailes.

Elle se rend aux eaux.

La saison passe vite.

Elle parle alors de rester un hiver à Paris.

Le mari consent.

L'été revient ; Madame retourne en Allemagne, rentre à Paris, cherche mille prétextes pour éloigner son retour en Russie, demande de nouvelles vacances, s'amuse, joue, aime; puis, lassée, ayant quelques dettes, elle se souvient un jour qu'elle possède quelque part un vrai mari et une famille, quitte la France et arrive quand on ne l'attendait plus.

N'importe, on la reçoit avec joie. Si une jolie vassale a été honorée de l'amour de son seigneur, elle se range d'elle-même au second plan.

Le mari ne demande point si l'on a été infidèle.

Il le devine ou ne s'en inquiète point.

Voilà l'histoire du voyage de certaines Russes à travers la France : un énorme besoin d'émotions et d'aventures, des amours nombreuses, hardies comme des amours de duchesses, rapides comme la saison d'une fleur.

Ce qui changeait à Paris la situation de la comtesse Sacha, c'était son défaut de fortune.

En Russie, le régime de la communauté n'existe pas. Chacun apporte sa fortune et en reste maître d'une façon absolue.

Or, le comte Rodonoff était riche, et Sacha, fille d'un général de troisième noblesse sans fortune, s'était trouvée fort heureuse d'épouser le comte Pierre Rodonoff.

Elle avait oublié de se dire que le mari qui lui faisait une haute et honorable position voudrait être heureux en compensation de ces sacrifices.

Elle n'avait jamais aimé qu'elle et oublia d'aimer son mari.

Peter Petrowich attendit pendant deux ou trois ans que, le caractère de sa femme se formant, son cœur se dilatât un peu et se tournât vers lui qui avait beaucoup fait pour elle.

Mais Sacha n'avait pas de cœur.

L'imagination seule vivait en elle.

Bientôt elle s'ennuya, et ne sut même pas dissimuler son ennui.

Alors elle parla de voyager.

Rodonoff, révolté au fond de l'âme, mais las d'une vie à deux que Sacha trouvait le moyen de lui rendre insupportable, donna d'autant mieux son consentement qu'il se trouvait obligé de s'absenter momentanément de Pétersbourg et de partir pour le gouvernement de Toula, où sa femme avait déclaré qu'elle ne le suivrait pas.

La question des intérêts restait à débattre.

Rodonoff promit une rente suffisante dont il paya d'avance un semestre.

Mais, quelque ronde que fût cette somme, elle était loin d'atteindre le chiffre nécessaire à la belle Sacha.

Elle alla trouver le ministre de la police, et traita avec lui pour une correspondance secrète que ses relations à Paris rendraient nécessairement très-facile.

Si les hommes sont nécessaires aux gouvernements, comme espions, les femmes sont souvent une acquisition bien meilleure encore.

Leur finesse dépasse celle des hommes.

Ensuite, on s'en défie moins.

Leur grâce attire, elles gardent par leur coquetterie ; quand elles ne peuvent faire autrement, elles achètent les secrets des Samsons de la diplomatie au prix que les payait la courtisane juive Dalila.

Pour remplir le rôle d'espionne, il faut être belle, afin de séduire aisément; riche, pour ne pas inspirer de défiance; spirituelle, pour savoir arracher ce que l'on ne veut pas dire.

La comtesse Sacha était merveilleusement propre à remplir ce rôle.

Quelques-uns des gentilshommes russes qui fréquentaient son salon furent brusquement rappelés. On spolia les fortunes de quelques familles polonaises; enfin, le vent d'une défaveur sourde souffla sur la belle comtesse.

M. de Ruvenelle entendit ces accusations; il prit ouvertement le parti de la comtesse, se battit pour elle, ce qui la compromit davantage, en laissant croire à tout le monde que ce marquis était son amant, et ne la lava point de l'accusation qui pesait sur elle.

Il souffrait d'autant plus de l'accusation portée sur la comtesse, qu'il l'adorait comme font les vieillards qui aiment pour la dernière fois.

Ce qu'il refusait de croire par raison, en obéissant seulement à la logique, il le crut enfin, étouffé, pressé qu'il était par le démon de la jalousie.

J'ai dit que le marquis adorait madame Sacha et qu'il avait en elle une confiance absolue.

Il crut un jour la reconnaître au moment où elle sortait d'un restaurant du boulevard, appuyée sur le bras d'un jeune homme, le même qui la conduisait aux petits théâtres et lui faisait mettre ses deux pieds dans la civilisation latine de Paris.

M. de Ruvenelle crut se tromper.

Cependant, voyant le couple amoureux monter en voiture, il fit signe à un cocher, donna ordre de suivre le fiacre qui venait de partir, et finit par se trouver dans les hauteurs, pour lui presque inconnues, de l'Observatoire.

On entendait du fond d'un jardin les sons bruyants d'un orchestre.

Le jeune homme descendit, offrit son bras à sa compagne, et le marquis se recula vivement en reconnaissant la comtesse Sacha.

Il les suivit tous deux.

La jeune femme riait et causait. Elle alluma une cigarette; puis, une valse commençant, elle passa l'un de ses bras sur l'épaule de son compagnon, et tous deux disparurent.

Le marquis croyait rêver.

Comme le jeune homme entraînait sa dame, une voix jeune et fraîche lui dit :

— Bonsoir, Albert.

Le marquis chercha du regard qui avait prononcé ce nom.

Il vit une jolie fille, lui sourit, s'approcha d'elle avec respect et lui offrit une glace.

Frisette se mit à rire.

Le marquis de Ruvenelle lui demanda pourquoi.

— Si vous veniez ici d'habitude, lui dit-elle, vous sauriez qu'on n'y trouve pas de glaces; les étudiants sont trop pauvres pour nous en payer.

— Est-ce aussi un étudiant, ce monsieur Albert qui vient de disparaître avec sa danseuse ?

— Albert, non ! Voyons, reprit Frisette, qui me raconta plus tard cette scène avec détail, vous ne me semblez pas être venu ici pour vous amuser... Je ne vois pas trop pourquoi vous m'invitez à prendre une glace, car vous ne semblez point disposé à me faire la cour...

Que désirez-vous? Ce n'est pas Albert qui vous intéresse? Ne serait-ce pas plutôt sa danseuse?

— Peut-être ; mais, dans tous les cas, je ne serai point ingrat.

— Après tout, reprit Frisette, je ne vends les secrets de personne... Albert fait le mystérieux avec nous et dédaigne aujourd'hui les grisettes. Il se prend au sérieux et veut nous faire croire qu'il tutoie Dumas fils et Gautier... Quand on lui demande le nom de sa maîtresse, il vous répond : « La fée aux brillants. » Et le fait est qu'un soir nous avons toutes été éblouies en la voyant paraître. Elle n'avait qu'une robe de mousseline, mais son collier était merveilleux!

— Et, demanda le marquis, vous n'avez jamais entendu comment il la nomme?

— Je ne me souviens pas bien... Si je l'entendais redire, la mémoire me reviendrait peut-être.

— N'est-ce pas Sacha?

— Sacha? oui, c'est bien cela, monsieur.

— Je sais maintenant tout ce que je désirais,

mon enfant; à votre tour, maintenant, que souhaitez-vous de moi?

Frisette était trop embarrassée pour répondre tout de suite; et puis, à vrai dire, elle avait besoin de trop de choses.

Le marquis prit simplement son adresse.

Le lendemain elle reçut un bracelet.

M. de Ruvenelle se présenta chez la comtesse à l'heure ordinaire.

Elle était plus fraîche, plus souriante, plus naïve que jamais.

Elle lui raconta tout naturellement, et sans attendre même qu'il le demandât, qu'elle avait passé la soirée chez la baronne Ludmilla, sa meilleure amie de Berlin; qu'elle avait rencontré chez elle un colonel de la garde, et que la soirée s'était prolongée assez tard.

Comme à l'ordinaire, elle fit peu à peu tomber la conversation sur la politique.

Jamais le marquis ne s'était exprimé avec cette franchise, jamais il n'avait mis autant de vérité dans ses portraits, d'exactitude dans les détails des anecdotes.

La comtesse semblait enchantée.

Le marquis en profita pour prendre sa main et la porter à ses lèvres en s'agenouillant devant elle.

Mais, si le marquis avait la preuve qu'on le raillait en amour, il voulait aussi acquérir la preuve qu'on le jouait en diplomatie.

Le lendemain, il attendait la sortie d'Ivan.

Comment s'y prit-il pour corrompre le muet serviteur? je l'ignore; tout ce que je sais, c'est que monsieur lut la correspondance dans laquelle était renfermée toute sa conversation de la veille.

Il recacheta la lettre et la mit lui-même à la poste.

Ainsi, c'était à une espionne russe qu'il avait affaire.

La Providence avait voulu qu'elle fût mariée, sans cela il lui aurait offert sa main.

A partir de ce jour, il y eut assaut de ruses.

Jamais la comtesse Sacha n'avait été si souple, si câline; jamais le marquis n'avait paru livrer les secrets de la politique avec une bonhomie plus facile.

Il n'était presque plus nécessaire de l'interroger. On eût dit qu'il semblait trop heureux d'être de moitié dans les travaux de la belle Rodonoff et de se charger de la plus difficile partie de sa tâche.

Madame passait une partie de ses jours à écrire.

Décidément la politique donnait ferme.

Natache descendait et remontait sans cesse les escaliers.

Un matin, madame reçut une de ces lettres que je reconnaissais si bien, et que je ne lisais jamais.

Elle prenait son thé quand je la lui remis.

Le saisissement qu'elle éprouva lui fit répandre sur les mains le liquide brûlant.

— C'est impossible! s'écria-t-elle enfin; impossible!

— Ah! mon Dieu! serait-il arrivé un malheur à madame? son mari serait-il mort?

Elle ne me répondit point, passa la main sur ses yeux, comme si elle avait peur d'avoir mal vu, et reprit la lettre.

— Je me suis trompée! lui aussi! murmura-t-elle d'une voix sourde. A quoi est-il bon, alors?

Je m'occupais à ranger le service à thé, à mettre le linge en ordre, à envelopper la main de madame dans des compresses mouillées.

Elle se leva plus tard que d'habitude et déclara qu'elle ne recevrait que le marquis.

Je fus étonnée du trouble avec lequel elle l'attendait.

Elle me fit déployer pour sa toilette des soins inusités, et se rendit véritablement irrésistible.

Il s'agissait pour le moins d'un secret d'État.

M. de Ruvenelle vint comme à l'ordinaire.

Cette fois, ce fut madame qui lui fit sa cour; elle ressemblait, dans sa toilette blanche, à ces beaux paons aux plumes de neige qui font si gracieusement la roue.

Le marquis, peu à peu, céda à cette grâce attractive; il se rapprocha d'elle, lui prit les mains, en baisa les doigts mignons qu'elle défendait à peine, et parla tout bas comme quand on demande trop.

La comtesse comprit qu'il fallait acheter le secret voulu à quelque prix que le mît le marquis de Ruvenelle.

Quand il renversa sa tête sur son épaule, elle le laissa faire...

Ce fut lui qui parut subitement se rappeler qu'il manquait au respect qui lui était dû.

Cela ne faisait pas le compte de Sacha.

Cependant elle profita de ce moment pour interroger le marquis, finement, habilement, et celui-ci, comme s'il était enchanté de détourner la conversation amoureuse qui l'avait mené si loin, se lança à corps perdu dans des appréciations politiques, et le fit avec cette apparence de franchise et de spontanéité qui en aurait trompé de plus habiles que la comtesse Rodonoff.

Avant de partir il usa de toutes les mêmes bontés avec lesquelles elle récompensait ses chroniqueurs sans le savoir ; et, croyant prendre une revanche éclatante, elle se mit dès le lendemain au travail, s'applaudissant d'avoir si peu payé ce qu'elle estimait si cher.

La comtesse écrivait souvent, mais elle ne recevait guère plus d'une lettre par semaine.

Il faut près de dix jours pour obtenir une réponse de Saint-Pétersbourg.

Quatre jours après l'envoi de sa dernière correspondance, ce n'était pas une lettre, mais un télégramme que recevait la comtesse.

Elle le parcourut des yeux, poussa un cri et tomba évanouie.

XV

Tout en prodiguant mes soins à ma maîtresse, je relevai le malencontreux papier cause d'une émotion si vive. Il ne contenait que quelques mots russes dont le sens m'échappait complétement.

Quand la comtesse Sacha revint à elle, véritablement ce n'était plus la même femme : elle me fit pitié.

Des cris mêlés de larmes, de sanglots, d'appels désespérés, s'échappaient de ses lèvres ; à ces crises succédaient ensuite des accès de violente colère. Si elle eût été en Russie, elle aurait cherché un prétexte pour faire administrer la *plette* à Natache et le knout à Ivan.

Les gouttes d'Hoffmann, l'eau de fleur d'oranger et le tilleul faisaient leur calmant office. Madame s'appuya plus doucement sur les oreillers que je soutenais.

— Je veux le voir, me dit-elle presque bas.

— Monsieur Albert ? demandai-je.

Elle ouvrit de grands yeux étonnés.

— Tu sais cela ?

— Oui, madame.

— Et qui le sait encore ?

— Frisette, l'ouvrière de madame Raimbaud... Ce n'est pas moi au moins qui ai trahi ma maîtresse... Mais madame sait combien les jeunes filles de Paris aiment la danse, et alors...

— Ah ! je comprends, la Closerie...

— Oui, madame.

— Tu iras chercher M. Albert.

— Oui, madame.

— Tu sais où il demeure ?

— Son meilleur ami est l'amant de Frisette.

La comtesse Sacha réfléchit un moment.

Elle résolut de jouer quitte ou double et de mettre sa vie sur un coup de dé. Quelque furieux que se montrât le ministère russe, quelque offensé que fût le comte Rodonoff, elle se dit que, si elle gardait la tendresse profonde du marquis, rien n'était encore perdu.

Sans doute elle ne recevrait plus de subside de la direction de la police, et le mari supprimerait sa pension annuelle, mais elle en avait assez fait pour ne pas reculer devant une nouvelle infamie. M. de Ruvenelle était assez riche pour défrayer son luxe. Il s'agissait seulement de savoir comment la question pourrait être posée sur ce terrain. S'il comprendrait la situation qui allait lui être faite et s'il y entrerait franchement.

Albert avait été prévenu.

La comtesse le reçut au lit, dans un déshabillé qui la rendait encore plus jolie.

Elle voulait bien passer pour être légère, coquette, même galante ; il n'y avait qu'un seul mot qui pouvait la rendre furieuse, l'enivrer de rage impuissante ; ce mot, elle en était sûre, le jeune homme ne pouvait le lui dire.

Albert était loin d'être un homme supérieur. Il avait de l'esprit courant, sans profondeur, faisait un mot à l'occasion, possédait un entrain charmant, mettait sur toute chose un reflet de jeunesse ardente et possédait surtout un mérite énorme, aux yeux de la comtesse, celui de connaître complétement son Paris.

Il avait été pour elle le gai cicérone des jardins défendus, des bals impossibles, le convive des soupers compromettants, l'amant des folles soirées où elle s'amusait à oublier qu'elle était une vraie comtesse pour jouer le rôle d'une grisette.

Elle le regrettait donc. De tous les hommes qu'elle avait rencontrés à Paris, il avait seul éveillé des curiosités en elle. Sans doute, son amour ne s'élevait point assez pour planer bien haut dans les régions de l'âme, mais les femmes russes sont assez positives et préfèrent les tendresses prouvées aux affections psychiques.

Il y avait déchéance pour elle à aimer Albert, elle tenait à cette déchéance. Se priver maintenant de la partie cachée de sa vie, se borner au monde officiel lui aurait paru impossible : Albert l'avait prise et dominée. Elle, si fière parfois, obéissait presque servilement à un homme qui ne la valait pas par certains côtés, mais qui, cependant, n'eût jamais accepté la fortune au prix d'un lâche espionnage.

La comtesse lui parla seulement de son mari qui la rappelait et de l'appui que, dans cette circonstance, le gouvernement prêtait au comte Rodonoff. Elle ajouta que, si sa fortune lui avait permis de vivre en se passant de la rente faite par son mari, elle n'eût pas hésité à braver tous les ordres et à affronter toutes les colères, mais qu'elle ne croyait pas possible, même en réalisant des miracles d'économie, d'arriver à ce but.

— Combien as-tu de revenu ? demanda Albert.

— Cinq mille roubles.

— Et tu en dépenses ?

— Cinquante mille.

— Que fournit le comte Rodonoff ?

— Oui.

— Eh bien ! si tu voulais et si tu m'aimais comme tu le dis, tu resterais à Paris, et tu ne serais pas encore à plaindre. Tu ne garderais comme domestique qu'Annette, tu prendrais une cuisinière, tu changerais d'appartement, et la vie serait bien charmante, même à moins !

Albert pleurait.

Il l'aimait autant que cela lui était possible.

— Ne te désole pas, lui dit-elle : il me reste une chance de salut que j'emploierai par amour pour toi.

Madame m'avait recommandé de veiller à ce que personne ne dérangeât cet entretien, et je faisais bonne garde. J'avais le pressentiment que le marquis ne manquerait pas de venir dans la journée, et je voulais empêcher qu'il rencontrât M. Albert dans la chambre de madame.

Je reconnus le pas de M. de Ruvenelle dans l'escalier, et, entrant brusquement dans la chambre de madame, je dis en la regardant d'une façon significative :

— Madame, le médecin.

En même temps je pris un peu lestement M. Albert par les épaules, et je le poussai dans un cabinet de toilette, en ajoutant :

— Il donne sur le petit salon, ne sortez que quand j'aurai introduit le docteur.

Il se laissa faire docilement, et le marquis entra.

Madame avait pris une pose désolée.

Les larmes qu'elle avait versées en parlant de son départ n'étaient point encore séchées; ses cheveux blonds inondaient l'oreiller; elle était ainsi réellement ravissante.

Je ne sais pas comment, en la voyant si belle, le marquis ne sentit point évanouir son courroux, quelque légitime qu'il fût.

Il s'approcha d'elle, lui prit les deux mains et lui demanda : — Qu'avez-vous?

— Je pars, répondit-elle.

— Ah! l'on vous rappelle en Russie!

— Oui; mon mari. Et j'aimais tant Paris! ajouta-t-elle en regardant le marquis.

— Voyons, ma chère enfant, ce mari prend de l'ombrage, il me semble, un peu trop tôt ou un peu trop tard. Vous avez passé ici deux années pendant lesquelles on a dû plus d'une fois donner l'assaut à votre cœur... Vous avez été aimée, bien aimée, quand ce ne serait que par un pauvre fou de ma connaissance qui aurait tout sacrifié pour vos beaux yeux.

— Ah! vous mettez l'amour au passé! dit-elle.

— Et quand je le laisserais au présent, à quoi cela me servirait-il?

— Écoutez! lui dit-elle, il nous faut être tous deux d'une entière franchise. Ce que vous venez de me dire, je le savais; vous m'aimez! Mais cela est si parfaitement facile de m'aimer, avec ma position indépendante, mon nom, mon titre et ma fortune! Vous trouvez un salon élégant, une femme que l'on a partout la bonté de dire charmante, qui possède des diamants comme l'on n'en trouve qu'au pied des monts Ourals, un cocher russe et les plus beaux chevaux de Paris... Mais que la comtesse Rodonoff, privée subitement de son luxe, ne puisse même continuer de porter son titre et devienne madame Sacha, tout simplement ; qu'elle congédie ses laquais, et habite un appartement dans une maison comme toutes les maisons, vous retirez parfaitement bien l'hommage empressé que vous lui apportez dans son magnifique hôtel.

— Qu'en savez-vous? demanda gravement le marquis.

— Alors, parlez! lui dit-elle.

— Oui, reprit-il, admettons que vous soyez

madame Sacha, comme vous le disiez tout à l'heure ; que vous arriviez subitement de Russie, prise par la nostalgie de ce Paradis que l'on nomme la France, et que je vous rencontre... Où ? peu importe ! il suffit que je vous voie pour vous aimer... Je ne sais point si vous êtes riche, je vous préférerais presque pauvre ; je suis assez millionnaire pour deux... Alors, je vous aurais dit : Sacha, il est des choses qui sont des conventions stupides et par dessus lesquelles nous devons passer... Vous m'aimez, dites-vous, en dépit de mes cheveux blancs ! c'est toujours vous qui vous montrerez généreuse... Partageons, vous votre jeunesse avec moi ! moi, un or qui m'est indifférent avec vous, et qui ne me semblera précieux que du moment où il servira à mettre votre beauté dans un plus digne cadre... Alors, Sacha, si vous eussiez daigné accepter, ma vie était à vous...

— Eh bien ! j'accepte, dit la comtesse.

Le marquis fit un brusque mouvement.

— Regrettez-vous déjà de vous être avancé ? demanda la comtesse.

— Je crains que vous ne m'ayez pas compris... La Sacha que j'ai peinte était imaginaire.

— Pourquoi ?

— Mais vous n'êtes point arrivée aussi modestement à Paris que ma Sacha de fantaisie.

— Je partirai plus modestement encore, si je suis forcée de partir.

— Et vous voudriez rester, comtesse ?

— Oh oui ! dit-elle.

— Et vous m'aimeriez beaucoup si je vous en facilitais les moyens ?...

— Ah ! plus que vous ne sauriez croire ! s'écria-t-elle avec un élan qui n'était pas feint.

— Vous tenez donc bien à M. Albert ? dit le marquis en se levant.

La comtesse poussa un rugissement de tigresse blessée.

Elle se dressa sur son lit, le front pâle, les éclairs dans le regard.

— Vous m'insultez ! dit-elle.

— Vous me trompez bien, vous !

Au même instant la porte du cabinet de toilette s'ouvrit brusquement, et M. Albert parut.

La scène se compliquait terriblement.

La comtesse croyait M. Albert parti depuis si longtemps !

Le marquis sourit.

— J'ai tout entendu, madame, dit Albert, et croyez bien que si j'avais deviné à quels moyens vous descendriez pour rester à Paris, et demeurer ce que vous m'êtes, je vous aurais engagée à partir pour votre honneur comme pour le mien. Monsieur, ajouta le jeune homme en se tournant vers le marquis, je ne suis coupable d'aucune indiscrétion ; l'on m'a ouvert au moment où le médecin entrait, disait-on. Je n'ai pas su découvrir la seconde porte donnant sur un salon, et je me suis trouvé ainsi prisonnier, et forcé d'entendre une conversation à laquelle j'avoue que, tout à l'heure, j'ai fini par prêter l'oreille ; il était utile pour moi de savoir à quelles conditions madame demeurait à Paris. Je suis un pauvre garçon étourdi, un peu viveur, sans position faite, mais je ne veux pas me rendre indigne de l'avenir que je puis avoir.

— Bien, dit le marquis, et maintenant il faut que cette femme soit punie pour nous avoir trompés tous deux et avoir tenté de nous avilir l'ur par l'autre. Voulez-vous savoir le vrai mot de sa vie? Voulez-vous apprendre son secret qu'elle voudrait dérober à tous et qui la flétrit comme la marque que l'on imprimait autrefois à l'épaule?

Albert fut pris de pitié.

— Monsieur... dit-il.

La comtesse joignit les mains.

— Grâce! dit-elle.

— Point de pitié ni de grâce; toute faute doit être châtiée. Que vous soyez une courtisane du grand monde, cela vous est permis; celle que j'accuse et que je méprise, ce n'est pas Sacha qui se donnait à M. Albert, ni la comtesse Rodonoff qui se vendait au marquis de Ruvenelle, c'est la créature hideuse qui nous faisait les complices de ses infamies, la femme salariée pour d'immondes services, c'est l'espionne de la police russe!

Albert recula comme si un serpent l'eût piqué.

La comtesse suffoquait.

Le marquis sortit sans lui jeter un seul regard.

Albert se retourna ; un moment il fut ému ; M. de Ruvenelle lui saisit la main et l'entraîna dans l'antichambre.

L'on doit penser que je n'étais pas loin : je savais trop que madame aurait besoin de moi.

Comme toutes les femmes essentiellement nerveuses, qu'une émotion brise, mais que la force de la volonté relève, madame, après une crise de larmes, demanda de l'eau froide, se baigna le visage et commença avec une apparente tranquillité à faire ses préparatifs de départ.

Elle paya ses domestiques français, car elle emmenait Ivan et Natache, vendit ses meubles, m'abandonna une partie de sa garde-robe et monta le lendemain en chemin de fer.

Je l'accompagnai jusque-là.

Quand elle fut partie, je me demandai sérieusement ce que j'allais faire.

Je me sentais lasse du bruit, fatiguée des intrigues des autres, et prise d'un soudain besoin de repos.

Le temps était magnifique, je me souvins des

grands bois de Thomery, des rives de la Seine, de toute cette paisible population au milieu de laquelle j'avais grandi et qui m'avait sincèrement aimée.

Dans ce moment, j'avais réellement besoin d'un conseil.

Où le trouver? Je courus chez madame Hériot.

Il y avait du monde : je n'osai d'abord entrer; mais madame Hubert, car Célestine était mariée, me prit par la main en riant et s'écria :

— C'est Annette !

En un instant je fus entourée. Il y avait là une femme de quarante ans, belle encore, et une jeune fille qui, sans être jolie, ne manquait pas d'un charme pénétrant. Je devinai que c'étaient madame Lormel et sa fille, la fiancée de M. Fulgence.

Mon cœur se serra un peu, le dernier de mes rêves s'envola.

Mais enfin, ces deux familles heureuses qui allaient bientôt être unies me devaient en grande partie la félicité intime de leur vie. Moi, pauvre fille, je n'avais donc point été tout à fait inutile dans le monde!

L'on voulut absolument me garder pendant le reste de la journée.

J'acceptai afin de revoir M. Fulgence.

Il vint bien vite à moi dès qu'il fut entré.

Puis, m'attirant dans l'embrasure d'une croisée :

— Ne me trouves-tu pas ingrat, Annette?

— Ce mot suffit pour me prouver le contraire.

— C'est que, me dit-il, tu as été pour moi une providence, et j'ai le remords d'avoir peut-être mis dans ta vie un chagrin de plus...

— Non, lui dis-je... Vous et moi, nous avons senti peut-être que nous éprouvions l'un pour l'autre une affection véritable, voilà tout... Vous ne pouviez m'épouser... Votre mère n'y eût point consenti... J'aurais détruit tout votre avenir, tandis que le voilà fait, bien fait... Et puis je vous avais vu trop épris de Cendrinette, moi, et j'aurais été jalouse..., tandis que mademoiselle Lormel ne sait rien.

Nous nous serrâmes les mains, nous étions bien émus tous les deux.

— Que vas-tu faire, ma chère enfant? me demanda madame Hériot.

— Moi, dis-je, je retourne à Thomery.

— Et ensuite?

— Ensuite? Oh! mon Dieu, je ne le sais pas; peut-être deviendrai-je une grande fermière qui s'appellera madame Pinson.

Il y a quelques mois, un homme de lettres qui me reconnut à Thomery pour m'avoir vu chez madame de Monval me demanda quelques détails sur la vie de mes anciennes maîtresses. Je les lui donnai, et il sollicita la permission d'en faire un livre. Je l'ai prié de ne conserver que les faits et de changer les noms.

J'appris par lui quelques détails sur Cendrinette et sur Aurélia, qui suffiraient amplement pour un nouveau volume; mais je n'en ai pas été témoin, et je ne sais dire que ce que j'ai vu.

Paris. Imprimerie de Poupart-Davyl et Comp., rue du

EN VENTE A LA MÊME LIBRAIRIE

LES CONFESSIONS DE L'ABBESSE DE CHELLES, fille du Régent, par M. DE LESCURE. 1 beau vol. in-18, orné d'un portrait inédit.................. 3

LES COULISSES PARISIENNES, par Victor Koning, avec une préface d'Albéric Second. 1 vol. grand in-18 jésus. 3

UNE DROLESSE, par Jules Claretie. 1 vol. grand in-18 jésus.................. 3

L'ÉTERNITÉ DÉVOILÉE, ou vie future des âmes après la mort, par Henry Delaage. 4e édit. 1 vol. grand in-18 jésus, orné du portrait de l'auteur. 3

UNE FEMME DANGEREUSE, par Louis Desnoyers et Victor Perceval. 1 vol. grand in-18 jésus. 3

UNE FEMME LIBRE, par madame la comtesse Dash. 1 joli vol. grand in-18 jésus................. 3

LES GANDINS, mystères du demi-monde, par le vicomte Ponson du Terrail. — I. Les Hommes de Cheval. — II. L'Agence matrimoniale. — 2 vol. in-18 jésus ornés d'une vignette. Chaque volume. 3

LETTRES DE COLAMOUNI, adressées au Figaro pendant l'année 1865. 1 beau vol. grand in-18 jésus. 3

LES MAITRESSES DU RÉGENT, études d'histoire et de mœurs sur le commencement du XVIIIe siècle, par M. DE LESCURE. 2e édit. revue et corrigée. 1 fort vol. in-18. 4

LES MARTYRS DE L'AMOUR, par Louis Jourdan. 1 joli vol. grand in-18 jésus............... 3

LES NUITS DE ROME, par Jules de Saint-Félix, illustration de Godefroy-Durand. 1 beau vol. grand in-18 jésus. 3 50

LES NUITS DE LA MAISON DORÉE, par le vicomte Ponson du Terrail. 3e édit. 1 joli vol. grand in-18 jésus orné d'une vignette dessinée par Godefroy-Durand. 3

PARIS AMOUREUX, par Mane. 1 vol. grand in-18 jésus. 3

QUATORZE DE DAMES, Scène de la vie militaire, par A. du Casse. 1 vol. grand in-18 jésus.......... 3

RÉVÉLATIONS SUR MA VIE SURNATURELLE, par Daniel Dunglas Home. 2e édit. 1 vol. grand in-18 jésus. 3 50

TRIBULATIONS D'UN JOYEUX MONARQUE, par Antony Méray. 1 vol. grand in-18 jésus. 3

VOLTAIRE ET MADAME DU CHATELET, Révélations d'un serviteur attaché à leurs personnes et pièces inédites, publiées avec commentaires et notes historiques par D. A. Banès Hayard. 1 vol. grand in-18 jésus. 3

www.ingramcontent.com/pod-product-compliance
Lightning Source LLC
Chambersburg PA
CBHW070947180426
43194CB00041B/1226